Knaur

Christina Zacker

Einmachen – das Jahr hindurch

- Traditionelle Rezepte und Ideen für Obst und Gemüse
- Über 100 köstliche Gelees, Konfitüren, Eingelegtes

www.knaur-ratgeber.de

Inhalt

Das Einmachen von Obst und Gemüse wird seit einiger Zeit von immer mehr Menschen wieder entdeckt.

Die neue Lust am Einmachen

Erinnern Sie sich noch an den Obstgarten Ihrer Großmutter, an leckere Marmeladen, feine Gelees und vielleicht sogar Beerenweine, die einem als Kind verboten waren und die man deshalb heimlich naschte? Wie lecker haben süßsauer eingelegte Kürbisse und Senfgurken geschmeckt ... Und so besinnt man sich zurück auf die alten Rezepte und entwickelt dazu noch zahllose neue Ideen, um Obst und Gemüse auf die unterschiedlichste Art zusammenzustellen und haltbar zu machen.

Die neue Lust am Einmachen hat viele Gründe:

- Viele Menschen haben wieder Spaß an der Arbeit in der Küche.
- Man legt sich preiswerte Vorräte zu, wenn man fürs Einmachen das vielfältige Obst- und Gemüseangebot der heimischen Saison nutzt.
- Wer lediglich aus »Spaß an der Freud« einmacht, kann mit kleinen Mengen und ohne allzu großen finanziellen Aufwand auch aus dem nicht-saisonalen Angebot an Früchten und Gemüsen leckere Dinge herstellen.
- Im eigenen Garten kann man die »Grundzutaten« anbauen, die man zum Einmachen benötigt: Beeren- und Strauchobst, Steinobst, Salat, Kräuter und Gemüse vielerlei Art.
- Ohne großen Aufwand wird aus Selbst-Eingemachtem ein passendes Geschenk im Familien-, Freundes- und Bekanntenkreis. Sie brauchen dazu nicht viel mehr als etwa ein besonders hübsches Glas oder eine edle Karaffe – und natürlich ein leckeres Rezept (das finden Sie in diesem Buch).

Eingemachtes für eine gesunde Ernährung

Nicht zu unterschätzen ist zudem der Aspekt von Gesundheit und bewusster Ernährung: Weiß man doch beim Selbsteinkochen am besten, was alles an Zutaten enthalten ist. Noch nie gab es so viele Lebensmittelallergien wie heute; unsere Nahrung wird mit Aromastoffen und Zutaten »verbessert« und »aufgewertet«. Kaum ein Verbraucher kann heute noch nachvollziehen, was in unseren Nahrungsmitteln eigentlich »echt« ist oder was mit künstlichen Aromen, Farbzusätzen und Emulgatoren hergestellt wird. Da nützt es nichts, dass auf vielen Etiketten eine Zutatenliste abgedruckt ist: Sie enthält nicht immer genaue Informationen, sondern oft lediglich allgemeine Hinweise wie etwa »künstliche

Aromastoffe«. Dass diese aber aus Grundzutaten hergestellt werden, die (etwa bei Soja und Fischmehl) Allergien schlimmster Art hervorrufen können – das können Sie dem Etikett nicht entnehmen.

Heutzutage ist das Einmachen viel einfacher und damit weniger zeitaufwändig geworden.

Für jeden Geschmack das Richtige

Selbstverständlich ist das Einmachen von Obst und Gemüse (oder gar ganzer Speisen) mit mehr Zeitaufwand verbunden, als Sie veranschlagen müssten, wenn Sie im Supermarkt einkaufen oder Nahrungsmittel einfrieren. Aber Sie müssen nicht wie früher stunden- oder gar tagelang in der Küche stehen, um Vorräte für den ganzen Winter einzumachen. Zudem sind moderne Geliermittel einfach anzuwenden und in jedem Lebensmittelgeschäft erhältlich.

In diesem Buch finden Sie für jeden Geschmack das Richtige. Für jeden Monat im Jahr haben wir Ihnen leckere Einmachrezepte zusammengestellt. Dazu finden Sie in den ersten Kapiteln viele Tipps und Hinweise sowie Grundrezepte fürs Einmachen von Obst und Gemüse, die Sie natürlich noch nach eigenem Gusto variieren können. Ich wünsche Ihnen dabei viel Spaß!

Im Herbst 2005 *Christina Zacker*

Süß oder sauer? So macht man Obst und Gemüse ein

Obst lässt sich nicht nur als Marmelade, Konfitüre oder Gelee einkochen. Und auch aus Gemüse können Sie mehr machen, als es nur süßsauer oder pikant einzulegen. Es gibt Variationen des Haltbarmachens mit Essig und Öl, mit milchsauren Bakterien oder durch Kandieren. Nur eines sollten Sie wissen: Durch das Einkochen gehen viele Vitamine und Aromastoffe verloren, andererseits wird durch das Eindicken der Frucht- bzw. Gemüsegeschmack intensiver.

Es gibt eine Vielzahl von Variationen, Obst und Gemüse einzumachen.

Konfitüren, Marmeladen, Gelees

Es gibt folgende einheitliche Regelungen für industriell hergestellte Obsterzeugnisse (und daran halten sich auch unsere Rezepte):

Für **Marmelade** werden stets Zitrusfrüchte verwendet, zum Beispiel Orangen, Grapefruits oder Zitronen.

Für **Konfitüren** verwendet man gut zerkleinerte oder zerdrückte Früchte. Nach dem Vermischen mit Gelierzucker wird der Fruchtbrei meist sofort gekocht. Bei der eigenen Herstellung von Konfitüren können Sie sogar Dosenobst, eingekochte Früchte oder tiefgekühltes Obst benutzen.

Roh gerührte Konfitüren sind vorzügliche Spezialitäten. Sie zeichnen sich durch den Erhalt des typischen Fruchtgeschmacks und damit durch intensives und volles Aroma aus. Deshalb sollten Sie nur einwandfreie Früchte verwenden, die gut ausgereift und bei trockenem Wetter frisch geerntet werden. Grundsätzlich sind roh gerührte Konfitüren wesentlich länger haltbar als gekochte.

Konfitüren mit Fruchtstückchen sind im Handel extra ausgewiesen. Kochen Sie selbst ein, so sollten Sie die Fruchtstücke vor dem Kochvorgang immer drei bis vier Stunden im Gelierzucker durchziehen lassen. Damit wird der Geliervorgang erleichtert.

Gelees werden aus Säften hergestellt. Dazu können Sie gekaufte oder selbst zubereitete Säfte verwenden, von einer einzigen Obstart oder auch von Saftmischungen. In jedem Fall ist zu beachten, dass diese Säfte im Unterschied zu den Trinksäften immer ohne Zugabe von Zucker gewonnen werden müssen. Zusätzlich müssen Sie den Pektingehalt (siehe Kasten) der Früchte berücksichtigen.

Gelees und Konfitüren ohne Geliermittel werden »nur« mit Einmachzucker konserviert. Bei dieser Methode werden die Früchte im Verhältnis

1:1 gemischt und so lange gekocht, bis die Masse fest ist. Die Kochzeit hängt davon ab, wie viel Pektin die Früchte enthalten und wie saftreich sie sind. Für diese Methode eignen sich am ehesten pektinreiche Früchte, die Fruchtmasse geliert dann schneller.

Obstkraut ist eingedickter Fruchtsaft ohne Zucker. Es wird vor allem aus Äpfeln und Birnen hergestellt und dann als Brotaufstrich verwendet. Obstkraut wird sehr aufwändig zubereitet und lohnt sich deshalb nur bei einer großen eigenen Obsternte.

Obstpaste kann zu einer Art Konfekt verarbeitet werden. Die Paste wird wie Konfitüre zubereitet, jedoch sehr viel dicker eingekocht. Quittenbrot ist die wohl bekannteste Obstpaste. Bewahren Sie Obstpasten am besten in einer gut verschließbaren Dose auf.

Was ist eigentlich Pektin?

Das natürliche Gelier- und Dickungsmittel Pektin bewirkt zusammen mit der Fruchtsäure und dem Zucker das Gelieren. Pektin kommt in den Zellwänden von Pflanzenzellen vor, wird aber auch industriell hergestellt. Für die Herstellung von Gelee müssen Sie deshalb auf jeden Fall den Pektingehalt der verschiedenen Früchte beachten.

- Sehr wenig Pektin enthalten: Himbeeren, Brombeeren, Mirabellen, Pfirsiche.
- Pektinarme Früchte: Kirschen, Erdbeeren, Weintrauben und Rhabarber.
- Pektinreiche Früchte: Äpfel, Quitten, Johannisbeeren und Stachelbeeren.

(Die verschiedenen Arten der Verarbeitung sind im Rezeptteil erläutert.)

Saft und Fruchtsirup selber herstellen

Je nach Obstmenge und Arbeitsaufwand gibt es vier Methoden für die Saft- und Sirupherstellung.

Für die Herstellung gibt es insgesamt vier Methoden – je nachdem, welche Menge an Obst Sie zur Verfügung haben und wie viel Arbeit Sie aufwenden wollen:

Die Dampfentsaftung lohnt sich vor allem bei der Entsaftung von größeren Obstmengen. Damit lassen sich mit nur wenig Arbeits- und Zeitaufwand gut haltbare und vor allem sehr angenehm schmeckende Fruchtsäfte herstellen.

Das Entsaften nach dem Kochen eignet sich für kleinere Mengen Obst und bei eher geringem Bedarf. Dabei werden die Früchte mit wenig Wasser gekocht. Anschließend lassen Sie den Saft durch ein Tuch ab-

laufen, danach wird er dann mit Zucker sterilisiert. Das Entsaften von kleineren Mengen geschieht am besten in einem Dampfkochtopf. Es ist auch das schnellste Verfahren.

Das Rohentsaften ist optimal für einige Beerenarten wie Erdbeeren, Himbeeren, Brombeeren und Schwarze Johannisbeeren: Den Früchten wird beim Entsaften Zitronensäure zugesetzt. Der gewonnene Rohsaft wird dann mit Zucker haltbar gemacht.

Fruchtsirup ist ein konzentrierter Fruchtsaft, der mit Zucker haltbar gemacht wird. Zur Gewinnung von Sirup sollten die Früchte etwas reifer sein, denn sie geben so noch mehr Saft ab und sind zusätzlich auch im Geschmack intensiver. Die Zubereitung ist recht einfach. Sie verwenden am besten einen Kochtopf aus Edelstahl oder Email. Der Zucker sollte völlig gelöst sein, bevor der Sirup kocht.

Für die Zubereitung von Fruchtsirup eignet sich am besten ein Kochtopf aus Edelstahl oder Email.

Einkochen von Obst

Beim Einkochen unterscheidet man die Früchte nach saftreichen und saftarmen/harten Sorten:
Saftreiche Obstsorten werden direkt mit dem Einmachzucker schichtweise in die Gläser eingefüllt.
Saftarme oder harte Sorten werden mit einer Zuckerlösung eingekocht. Sie wird auf die Früchte gegossen, sodass sie gerade mit der Flüssigkeit bedeckt sind. Sehr harte Sorten wie Quitten oder Birnen müssen Sie etwa zehn Minuten in der Zuckerlösung vorkochen.

Zum Einkochen gehört die genaue Einhaltung der Zeit- und Temperaturangaben.

Man kennt verschiedene Verfahren des Einkochens.
Im **Einkochtopf** werden die gefüllten Einmachgläser nach genauen Zeit- und Temperaturangaben erhitzt. Die Temperatur schwankt zwischen 75 °C und 90 °C, die Zeit zwischen 25 und 30 Minuten.

Im **Backofen** werden die gefüllten Gläser in die Fettpfanne gestellt, die etwa einen Zentimeter hoch mit Wasser gefüllt ist. Dann wird alles nach genauer Temperatur- und Zeitvorgabe erhitzt. Meist sind es zwischen 150 °C und 180 °C bei einer Zeitspanne von 25 bis 35 Minuten. Beim Einkochen im Backofen müssen Sie sich genau an die Angaben des Geräteherstellers Ihres Herdes halten!
Im **Heißluft-Backofen** stellt man die Temperatur normalerweise auf 150 °C bis 160 °C ein. Die Einkochzeit beträgt weniger als bei einem herkömmlichen Herd. Auch beim Einkochen im Heißluft-Backofen halten Sie sich bitte an die Angaben des Geräteherstellers.

Einkochen von Gemüse

Das Einkochen von Gemüse bietet gegenüber dem Einfrieren den Vorteil, dass Sie es bei Bedarf gebrauchs- und genussfertig zur Verfügung haben. Der Nachteil ist, dass durch die hohen Temperaturen Vitamin- und Geschmacksverluste entstehen. Trotzdem ist diese Art des Haltbarmachens sehr zu empfehlen. Eingekochtes Gemüse ist etwa ein Jahr haltbar. Es sollte dunkel und kühl aufbewahrt werden. Ebenso wie beim Obst bieten sich hier mehrere Verfahren des Einkochens an:
Im **Dampfkochtopf** kann man natürlich auch Gemüse einkochen. Er ist besonders empfehlenswert für kleinere Mengen. Der Vorteil bei diesem Verfahren ist die Ersparnis an Zeit und Energie. Beachten Sie die genauen Angaben des Herstellers. Die Zeit richtet sich nach der Größe der Gläser; normalerweise liegt sie zwischen 5 und 25 Minuten. Die Einstellung der Stufe bzw. des Rings richtet sich nach dem Inhalt.
Im **Einkochtopf** werden die Gläser nach dem Füllen erhitzt. Auch hier gelten die Angaben des Herstellers. Die Temperatur liegt zwischen 90 °C und 100 °C, die Zeitspanne zwischen 30 und 120 Minuten.
Im **Backofen** wird das eingelegte Gemüse in den Gläsern zwischen 25 und 90 Minuten erhitzt, bei einer Temperatur von etwa 190 °C bis 200 °C bis zum Perlen, danach bei einer Temperatur von 150 °C.
Im **Heißluft-Backofen** werden die gefüllten Gläser zwischen 55 und 90 Minuten bei einer Temperatur zwischen 170 °C und 180 °C bis zum Perlen erhitzt. Danach sollten Sie die Temperatur auf etwa 130 °C bis 140 °C absenken.

Eingekochtes Gemüse hält sich bei richtiger Lagerung ein ganzes Jahr.

Unterschiedliche Arten der Konservierung

Das Haltbarmachen von Lebensmitteln, speziell von Gemüse und Obst, ist für viele ein aktuelles Thema. Denn Sie können dabei nicht nur Zutaten aus dem eigenen Garten verwenden, sondern auch Früchte der jeweiligen Jahreszeit nutzen. Vor allem in den Sommermonaten und im Herbst finden Sie auf dem heimischen Markt und im Lebensmittelhandel zahlreiche preisgünstige Einkaufsmöglichkeiten. So können Sie Ihre Vorräte immer wieder entsprechend ergänzen. Manche Obst- und Gemüsesorten, auch Pilze und Kräuter, sind von Januar bis Dezember erhältlich – dann allerdings oft nicht aus heimischer Ernte und entsprechend teurer. Wer nur kleinere Mengen einkochen möchte – etwa für Geschenke zu Weihnachten oder einem anderen festlichen Anlass –, findet bei uns das ganze Jahr hindurch ein gutes Angebot.

Sollten Sie aus Ihrem eigenen Garten einmal ein Überangebot an einer bestimmten Art von Gemüse oder Obst haben, so wählen Sie ruhig verschiedene Konservierungsverfahren aus. So wird Ihre Vorratshaltung nicht eintönig und vieles lässt sich ja auf verschiedene Art einmachen: süß, süßsauer, pikant, milchsauer.

Das Einmachen bietet eine gute Möglichkeit, preisgünstiges Saisongemüse das ganze Jahr über zu genießen.

Süßsauer einlegen

Der Vorteil dieser Methode ist der milde Geschmack, der dabei entsteht. Süßsauer eingelegtes Obst und Gemüse ist eine gute Ergänzung zu vielen Gerichten.

Bei **Obst** eignen sich zum Einlegen in Essig und Zucker besonders Birnen, Pflaumen, Quitten und Pfirsiche.

Beim **Gemüse** sind es Gurken, Zwiebeln, Blumenkohl, Zucchini, Rote Bete, Tomaten und Kürbis.

Wichtig beim Einlegen ist das richtige Dosieren von Essig und Zucker. Die Säure verhindert bzw. zerstört das Wachstum von Bakterien. Deshalb dürfen Sie die angegebene Menge des Essigs in den Rezepten nicht verringern. Verwenden Sie immer einen guten Weinessig.

Chutney, Relish und Ketchup

Chutneys sind pikante Würzpasten aus Früchten. Sie passen gut zu gekochtem oder gebratenem Fleisch, zu Fondues und vielen exotischen

Gerichten. Sie können süß (Frucht-Chutney) bis scharf-würzig oder sauer schmecken.

Relish nennt man eine würzige Soße, die meist süßsauer schmeckt. Sie wird aus zerkleinerten gekochten oder gedünsteten Früchten und Gemüse zubereitet. Relishes schmecken zu gegrilltem Fleisch und Fondues, zu gedünstetem Fisch und pikantem Auflauf.

Ketchup wird aus Tomaten hergestellt, oft vermischt mit anderen Gemüsezutaten wie Paprika und Zwiebeln. Meist werden Ketchups zu Nudelgerichten, Pommes frites oder Reis gereicht. Sie eignen sich aber auch als Würzmittel in Salaten und zu Aufläufen.

In Essig oder Öl eingelegte Kräuter bleiben über viele Monate ein würziger, aromatischer Genuss.

Kräuteressig und Kräuteröle

Legen Sie Kräuter in Essig oder Öl ein, so ist das streng genommen kein Konservieren der Kräuter. Sie sollen nämlich lediglich der Flüssigkeit einen würzigen Geschmack verleihen – danach kann man sie nicht mehr weiterverwenden. Da Sie die benötigten Kräuter nicht zu jeder Jahreszeit ernten oder kaufen können, eignen sich gewürzte Essige oder Öle für die Vorratshaltung. Beides ist für viele Monate gut haltbar.

Milchsäuregärung

Zu Unrecht ist die Milchsäuregärung in der heutigen Zeit fast völlig in Vergessenheit geraten. Früher war es üblich, dass jeder Haushalt einen Steinguttopf mit selbst gemachtem Sauerkraut im Keller stehen hatte. Dabei ist Milchsäuregärung nicht nur eines der einfachsten, sondern auch eines der schonendsten Konservierungsverfahren. Und dabei zudem noch sehr gesund: Milchsäurebakterien sind sehr wichtig für viele Funktionen unseres Organismus und tragen zu unserem Wohlbefinden bei. Sie bestimmen die Stärke unserer Immunabwehr und das Darmmilieu. Nur ein saures Darmmilieu hemmt die Entstehung von Fäulnisbakterien. Das ist wichtig, denn Fäulnisbakterien verhindern die Aufnahme wichtiger Nährstoffe und Vitamine und erleichtern verschiedenen Krankheitserregern den Darmzugang. »Gute« Milchsäurebakterien fördern die Verdauung, regen die Produktion der Verdauungssäfte an und steigern die Darmbewegung.

Ganz gleich, ob Sie Sauerkraut, grüne Bohnen, Gurken oder verschiedene Kohlarten milchsauer einlegen: Bei dieser schonenden Methode bleiben alle Vitamine erhalten und zusätzlich bildet sich während des Gärprozesses wichtiges Vitamin B_{12}. Der im Gemüse enthaltene Zucker und die Stärke von Mikroorganismen, den Milchsäurebakterien, werden bei der Gärung in Milchsäure umgewandelt. Durch die Zugabe von Salz wird das Gemüse vor Fäulnisbakterien und Schimmelpilzen geschützt, bis genügend Milchsäure vorhanden ist.

Beim milchsauren Einlegen bleiben die wertvollen Vitamine erhalten.

Früchte in Sirup

Das Einlegen von Früchten in Zucker, Zuckerlösung oder Honig ist seit der Antike eine Methode des Haltbarmachens. Zucker wirkt in hoher Konzentration hemmend auf das Wachstum von Mikroorganismen, er tötet zugleich Bakterien ab. Pikant eingelegte Früchte in Sirup sind eine pfiffige Beilage zu Fleischspeisen.

Glasiertes Obst ist nicht sehr lange haltbar.

Glasierte und kandierte Früchte

Beim Glasieren und Kandieren werden Früchte für mehrere Tage in eine stark konzentrierte Zuckerlösung eingelegt. Diese Lösung müssen Sie mehrmals hintereinander neu einkochen und über die Früchte gießen. Auf diese Art und Weise wird den Früchten Wasser entzogen, schädliche und verderbliche Mikroorganismen finden so keine Lebensgrundlage mehr. Für Glasieren und Kandieren sollte man stets nur einwandfreie, frische Früchte verwenden.

Beim **Glasieren** werden die Früchte in Zuckerguss geschwenkt, sodass sich eine glänzende Schicht – die Glasur – über das Obst legt. Allerdings ist glasiertes Obst nicht sehr lange haltbar. Bevorzugt verwendet man solche Früchte zum Dekorieren von Torten, Kuchen und vielen Nachspeisen. Zum Glasieren eignen sich am besten Kirschen,

Johannisbeeren, Ananasstückchen, Zitronen- und Orangenscheiben und Weintrauben.

Beim **Kandieren** werden die Früchte mit konzentrierter Zuckerlösung überzogen und dann getrocknet. Dadurch werden die Früchte für längere Zeit haltbar. Da das Kandieren von Früchten in mehreren Schritten gemacht wird, erfordert es Zeit und Geduld: Über einen Zeitraum von etwa fünf Tagen fallen täglich etwa fünf bis zehn Minuten Arbeit an. Zum Kandieren eignen sich am besten Früchte wie feste und kleine Erdbeeren, Ananasstückchen, Kirschen, kleine Birnen, Orangenspalten und auch Zitronenscheiben. Früchte, die komplett kandiert werden,

Für die Dekoration von Torten, Kuchen und vielen Nachspeisen eignen sich glasierte Früchte hervorragend.

Wichtige Tipps für Diabetiker

Einkochen

Kein Diabetiker muss heutzutage auf selbst gemachte Gelees, Konfitüren oder Eingemachtes verzichten. Im Handel finden Sie spezielle Geliermittel, die es ermöglichen, beim Einkochen ausschließlich Süßstoff zu verwenden, was die Broteinheiten deutlich reduziert. Anstelle von Zucker gibt es Zuckeraustauschstoffe, die aus pflanzlichen Grundstoffen gewonnen werden. Ihr Kaloriengehalt ist der gleiche wie beim Zucker, muss also mit den täglichen Broteinheiten verrechnet werden. Diese Austauschstoffe werden bei der Zubereitung von Marmelade wie der Zucker eingesetzt. Dadurch verblassen die Früchte etwas, was aber den Geschmack und die Qualität nicht beeinflusst. Die wichtigsten Zuckeraustauschstoffe sind

- **Fruchtzucker** (Fructose) kommt in allen Früchten vor und wird hauptsächlich aus Rüben- oder Rohrzucker gewonnen. Der Fruchtzucker wird vom Traubenzucker (Glucose) getrennt.
- **Sorbit** befindet sich in Früchten und Pflanzen, besonders reichlich in Ebereschen (»Vogelbeeren«). Industriell wird Sorbit aus Maisstärke gewonnen. Da es wesentlich weniger süß schmeckt als Zucker, wird das Sorbit mit Saccharin »aufgesüßt«.
- **Süßstoffe** haben keinen Nährwert und übersteigen die Süßkraft des Zucker um das 10- bis 500-Fache. Speziell für die Konfitürenzubereitung eignen sich Saccharin und Cyclamat.

Einlegen

Beim Einlegen von Gemüse ist für den Diabetiker nur zu beachten, dass Fruchtzucker und Süßstoff zugegeben werden. In unseren Rezepten für Diabetiker finden Sie genaue Angaben über die Kohlenhydrate sowie zur Berechnung der Broteinheiten und Kilokalorien (kcal) bzw. Kilojoule (kJ).

Rumtopf

z. B. Weintrauben oder Erdbeeren, müssen Sie einstechen, damit die Zuckerlösung in die Frucht eindringen kann. Jede Fruchtsorte sollte einzeln kandiert werden – so bleibt der eigene geschmackliche Charakter erhalten. Als Zucker verwenden Sie am besten eine Mischung aus Trauben- und Haushaltszucker. Die Früchte müssen beim Kandieren stets vollständig mit der Zuckerlösung bedeckt sein.

Rumtopf, Likör und Obstwein

Für einen Rumtopf werden das ganze Jahr über nach und nach Früchte eingelegt.

Der **Rum- oder Früchtetopf** ist die wohl bekannteste Spezialität, wenn Früchte in Alkohol und Zucker eingelegt werden. Eine wohlschmeckende und zugleich raffinierte Beilage, die keinerlei große Kochkenntnisse erfordert: Während des ganzen Jahres legt man nach und nach Früchte aus der saisonalen Obsternte im Rumtopf ein.

Sie verwenden 54%igen Rum, klaren Branntwein wie Korn, Gin oder Wodka (der Eigengeschmack der Früchte darf durch den Alkohol nicht überdeckt werden).

Dazu kommt normaler Haushaltszucker oder Einmachzucker. Einen besonderen Geschmack verleiht brauner Kandis und als Würzmittel eine Vanille- oder Zimtstange.

Die Früchte müssen für den Rumtopf reif, aber fest und ohne Druckstellen sein. Nach dem zuletzt eingelegten Obst muss der Rumtopf noch vier Wochen durchziehen.

Liköre herzustellen war früher ein Privileg der heilkundigen Mönche. Besonders wichtig bei der Herstellung von Obstlikör sind die Zutaten, nur erstklassige, frische Früchte und Kräuter, denn der Likör kann nur so gut werden wie seine Zutaten. Verwenden Sie vollreife Früchte ohne Druckstellen zusammen mit Kandis.

Als Früchte für selbst hergestellten Likör eignen sich Schwarze Johannisbeeren, Brombeeren, Heidelbeeren und Kirschen.

Obstweine kann man aus vielen Früchten gewinnen. Sie schmecken lecker und sind vor allem als aromatische Dessert- und Tischweine zu servieren. Verwenden Sie für die Herstellung am besten Einmachzucker. Genaue Angaben finden Sie zusammen mit den Grundregeln und dem Zubehör im Rezeptteil.

So wird's gemacht: Vorbereitung und Grundlagen

Bevor Sie sich ans Konservieren von Obst und Gemüse machen, sollten Sie sich ein paar grundsätzliche Punkte überlegen, die sehr wichtig sind: Verfügen Sie über einen geeigneten Lagerraum? Die Temperatur- und Lichtverhältnisse müssen stimmen. Sie sollten regelmäßig Ihre Bestände kontrollieren können. Es hat keinen Sinn, einfach ein Regal im Keller anzubringen: Die Kellerräume in unseren Wohnhäusern sind meist viel zu warm. Konfitüren, Eingelegtes und Eingemachtes sollen in einem kühlen, trockenen und luftigen Raum in Regalen stehen. Oder auch in einer kühlen Speisekammer. Ein Küchenschrank eignet sich dazu weniger. Nur sehr kleine Vorräte, die schnell aufgebraucht werden, kann man in der Küche oder im Esszimmer aufbewahren.
Lohnt es sich für Sie und Ihre Familie, eine Vorratshaltung durch Einkochen oder Einlegen von Obst und Gemüse einzurichten? Die Größe der Familie spielt eine wichtige Rolle. Für ein bis zwei Personen rentiert sich ein großer Vorrat kaum.
Zum Einkochen eignen sich am besten Obst, Gemüse und Pilze. Die wenigsten Probleme bereitet das Obst, wegen seines hohen Anteils an desinfizierender Fruchtsäure.
Ernten oder kaufen Sie nur so viel Gemüse oder Obst, wie Sie an einem Tag verarbeiten können! Achten Sie auf den einwandfreien Zustand! Gemüse sollte immer jung und erntefrisch sein.
Erhitzen Sie die Gläser nach zwei Tagen noch einmal, so schließen Sie wirklich alle Infektionsgefahren aus.

Was Sie zum Einmachen brauchen

Spezielles Zubehör

- Spezielle Gläser mit Gummiring, Glasdeckel und Federklammern, die gut zu stapeln sind.
- Um ein Austrocknen zu verhindern, verwenden Sie für Marmelade, Konfitüre und Gelee am besten kleine Gläser mit Twist-off-Deckeln. Haben Sie keine solchen Gläser, verschließen Sie offene Gläser mit Einmachzellophan. Langfristig bietet Zellophan allerdings keinen ausreichenden Schutz vor Schimmel und Austrocknen, denn es schließt nicht luftdicht ab.

Die richtige Lagerung von eingemachtem Obst und Gemüse ist besonders wichtig für die Haltbarkeit.

Das richtige Zubehör erleichtert die Arbeit beim Einmachen.

- Beim Verschließen mit Zellophan benötigen Sie zusätzlich 100%igen Alkohol. Tauchen Sie vor dem Verschließen ein extra Zellophanblättchen hinein und legen Sie dieses dann auf die Marmelade, Konfitüre oder das Gelee.
- Etiketten zum Beschriften.

Küchengeräte

- Stabmixer zum Zerkleinern der Früchte,
- Küchenwaage,
- Messbecher,
- Schaumlöffel,
- Kochlöffel,
- Schöpfkelle,
- Einfülltrichter,
- Glasheber, um die Gläser aus dem heißen Wasser zu nehmen,
- unterschiedlich große Edelstahltöpfe zum Erhitzen der Früchte,
- Dampf- oder Einkochtopf.

Bitte immer beachten!

- Sauberkeit bei den Einmachgläsern und den Arbeitsgeräten ist das A und O. Kleinste Verunreinigungen können den Inhalt verderben lassen.
- Vor allem Edelstahltöpfe, aber auch alle anderen Küchengeräte müssen vor der Anwendung gründlich gereinigt und mit heißem Wasser ausgespült werden!
- Kontrollieren Sie die Einmachgläser, ob sie beschädigt sind, Schrammen haben oder splittern.
- Trocknen Sie die gespülten Gläser auf keinen Fall ab. Sie sollten auf einem sauberen Küchentuch lediglich umgedreht abtropfen.
- Kontrollieren Sie die Gummiringe nach brüchigen Stellen.
- Kochen Sie die Gummiringe vor dem Einkochen stets erst in stark verdünntem Essigwasser aus.
- Bevor Sie die gefüllten Behältnisse in das vorgesehene Regal stellen, müssen die Gläser noch einmal gründlich mit Essigwasser abgewischt werden. So befinden sich außen keine Einmachreste mehr, die schimmeln könnten.
- Stellen Sie die Behältnisse nicht so dicht nebeneinander, dass sie sich berühren. Nur so können Sie verhindern, dass die Fäulnisbakterien von einem Glas zum anderen »wandern« können.
- Kontrollieren Sie die Vorräte einmal pro Woche auf Schimmelbefall. Sortieren Sie entsprechend aus!

Das Einmachen

Das Wichtigste für ein gelungenes Ergebnis ist das Herstellen eines Vakuums. Damit wird das Eindringen von schädlichen und verderbenden Mikroorganismen aufgehalten. Es bieten sich verschiedene Möglichkeiten, um Obst und Gemüse einzukochen. Bei jedem Verfahren müssen Sie bestimmte Regeln beachten:

Bei aller Verschiedenheit der Verfahren ist das Herstellen eines Vakuums das Wichtigste für ein gutes Gelingen.

Beim **Einmachen im Topf** müssen alle Einmachgläser dieselbe Höhe haben. Sie dürfen die Wand des Einkochtopfs nicht berühren. Außerdem dürfen die Gläser selbst einander nicht berühren. Möchten Sie mit kaltem Wasser aufgefüllte Fruchtgläser einkochen, dürfen Sie in den Topf auch nur kaltes Wasser einfüllen. Umgekehrt gilt: Füllen Sie die Einmachgläser mit warmem Wasser, dürfen Sie in den Einkochtopf auch nur warmes nachfüllen.

Beim **Einmachen im Backofen** heizen Sie den Backofen nicht vor und stellen Sie die Gläser auf keinen Fall direkt auf den Boden des Ofens. Sie müssen auf einem Rost oder Blech stehen. Eine andere Möglichkeit:

Wenn sich Schimmel auf der Oberfläche von Konfitüren und Gelees zeigt, gehört das Glas in den Abfall.

Füllen Sie in eine tiefe Fettpfanne etwa 1 cm Wasser. Da hinein stellen Sie die gefüllten und verschlossenen Gläser. Sie dürfen einander ebenfalls nicht berühren. Zum Schutz der Gummiringe vor dem Austrocknen legen Sie auf die Deckel eine dicke Schicht nasses Papier, zum Beispiel Zeitungspapier. Auf der unteren Einschubleiste in den Backofen schieben. Temperatur: Beim E-Herd 175 °C, beim Gasherd Stufe 2. Beginnt die Flüssigkeit in den Gläsern zu perlen, fängt die Berechnung der Kochzeit an. Den E-Herd können Sie jetzt abschalten, die Speicherwärme genügt zum Sterilisieren von Obst, bei Gemüse müssen Sie noch 90 Minuten weitersterilisieren. Bei einem Gasherd sterilisieren Sie noch 15 Minuten, dann schalten Sie ab. Lassen Sie die Gläser im Backofen abkühlen.

Konfitüren und Gelees, die mit einem **Frucht-Zucker-Verhältnis** von 1:1 hergestellt wurden, halten etwa ein Jahr.

Zeigt sich doch auf der Oberfläche der Fruchtmasse **Schimmel**, gehört der Inhalt des Glases komplett in den Abfall! Es genügt nicht, wenn Sie nur die obere Schicht großzügig abtragen. Denn man weiß noch nicht, ob sich der Schimmelpilz auch in festen Gelees und Marmeladen »durcharbeiten« kann.

Die Grundrezepte

Zutaten
1 kg Früchte (für Gelees und Konfitüren können Sie gut Obst einer geringeren Handelsklasse verwenden; es ist preiswerter und genauso gut geeignet!)
1 kg Gelierzucker

Grundrezept für Konfitüren

1. Die Früchte waschen, zerkleinern und mit dem Gelierzucker in einem Topf vermischen.
2. Das Obst mit dem Saft, der sich gebildet hat, zum Kochen bringen. Kochzeit: mindestens 5 Minuten.
3. Die Konfitüre möglichst schnell in die Gläser füllen und luftdicht verschließen.
4. Die Gläser unmittelbar nach dem Abfüllen auf den Kopf stellen. So entsteht ein Vakuum, das vor Schimmelbefall schützt.

Heidelbeer
"Koriander"

Zutaten
1 l Fruchtsaft
1 kg Gelierzucker

Grundrezept für Gelees

1 In einem Topf den Fruchtsaft und den Zucker vermischen und die Flüssigkeit zum Kochen bringen. Die Kochzeit beträgt mindestens 5 Minuten.

2 Das Gelee nach der Gelierprobe sofort in die vorbereiteten Gläser füllen und diese luftdicht verschließen.

3 Gleich nach dem Verschließen die Gläser auf den Kopf stellen. Das so entstehende Vakuum schützt vor Schimmelbefall.

Einmachen ohne Gelierhilfe

Grundsätzlich können Sie trotz des vielfältigen Angebots an Gelierhilfen ebenso »nur« mit Einmachzucker einkochen.

Zucker und Früchte werden im gleichen Verhältnis vermischt und so lange gekocht, bis die Masse fest ist.

Die Kochzeit richtet sich danach, wie saftreich die Früchte sind und ob sie Pektin enthalten.

Einesteils bleibt bei dieser Methode der Fruchtgeschmack sehr intensiv, andererseits gehen durch das längere Kochen viel Aromastoffe und Vitamine verloren.

Verwenden Sie für diese Methode der Zubereitung von Konfitüre am besten pektinreiche Früchte wie Johannisbeeren, Stachelbeeren, Heidelbeeren oder auch Brombeeren. Die Fruchtmasse geliert hier schneller. Für Gelees ohne Geliermittel eignen sich Quitten oder Äpfel.

Tipps für Marmeladen, Konfitüren und Gelees

- Mit der Gelierprobe können Sie feststellen, ob die Fruchtmasse bereits so weit eingedickt ist, dass sie nach dem Erkalten die richtige Festigkeit hat. Geben Sie einen kleinen Löffel voll auf einen kalt abgespülten Teller. Nach einer kurzen Abkühlzeit muss der Klecks erstarren, es darf sich kein Wasser um ihn bilden.
- Wenn Sie Konfitüren zubereiten, lassen Sie die Fruchtstückchen mit dem Gelierzucker ein paar Stunden durchziehen; so geliert die Konfitüre besser.
- Den Gelierzucker sollten Sie immer mit dem noch kalten Fruchtsaft oder Fruchtpüree vermischen. Während des ganzen Einkochvorgangs muss die Masse immer sprudelnd kochen.
- Einen besonders geringen Arbeitsaufwand haben Sie, wenn Sie kleinere Mengen Gefrierobst (bis zu 500 g) im Mikrowellengerät mit 300 g Gelierzucker aufkochen. Dauer: 8 Minuten.
- Bereiten Sie keine größeren Mengen auf einmal zu. Die Kochzeit würde sich verlängern und ein Durchkochen ist dann nicht mehr gewährleistet.
- Füllen Sie den Topf nur bis zur Hälfte. So kann ausreichend Flüssigkeit verdampfen und es kocht nichts über.
- Den Schaum, der beim Kochen entsteht, müssen Sie mit einer Schaumkelle sorgfältig abheben. Tauchen Sie den Schaumlöffel zwischendurch am besten immer wieder in heißes Wasser.
- Füllen Sie Marmelade, Konfitüre oder Gelee noch heiß und randvoll in die vorbereiteten Gläser. So bleibt sehr wenig Luft im Glas, die Bildung von Schimmelpilzen wird so gering gehalten.
- Um ein Springen der Gläser zu verhindern, werden sie vor dem Einfüllen auf ein nass-warmes Küchentuch gestellt.
- Vergessen Sie die Etiketten nicht! Auf ihnen vermerken Sie die Fruchtart, ob Marmelade, Konfitüre oder Gelee, und – das ist besonders wichtig! – das Datum. Haben Sie spezielle Zutaten verwendet, sollten Sie dies ebenfalls auf dem Etikett vermerken.

Grundrezept für Einmachen ohne Gelierhilfe

Zutaten
Einmachzucker und Früchte zu gleichen Teilen

1 Die Früchte verlesen, waschen und abwiegen und zerkleinern.
2 Die gleiche Menge Einmachzucker abwiegen und mit den Früchten in einen Topf geben.
3 Unter ständigem Rühren langsam aufkochen, ständig weiterrühren, damit die Fruchtmasse nicht ansetzt.
5 Die Fruchtmasse in die vorbereiteten Gläser abfüllen und diese gut verschließen.

Einmachtipps für Diabetiker

Im Handel finden Sie dafür spezielle Geliermittel. Diese bieten die Möglichkeit, ausschließlich Süßstoff zu verwenden, was die Broteinheiten deutlich reduziert. Sie können auf jeden Fall Zuckeraustauschstoffe verwenden; sie werden aus pflanzlichen Grundstoffen gewonnen. Der Kaloriengehalt ist der gleiche wie beim Zucker: Sie müssen ihn also mit den täglichen Broteinheiten (BE) verrechnen. Nachfolgend finden Sie einige Diabetiker-Grundrezepte, in denen die Zuckermenge durch Fruchtzucker ersetzt wird.

Grundrezept für Diabetiker-Konfitüre

Zutaten
1 kg Fruchtbrei, Früchte nach Geschmack
1,5 kg Fruchtzucker
10 g Zitronensäure
7 EL flüssiges Geliermittel

1 Den Fruchtbrei, Fruchtzucker und die Zitronensäure unter ständigem Rühren in einem Topf zum Kochen bringen.
2 Nun das flüssige Geliermittel hinzufügen und alles zusammen noch einmal aufkochen.
3 Das Ganze noch heiß in die vorbereiteten Gläser abfüllen und diese sofort verschließen.

Hinweis: 100 g enthalten durchschnittlich: Kohlenhydrate 61,1 g • Broteinheiten 5,1 • kcal/kJ 248/1038.

Grundrezept für Diabetiker-Konfitüre mit Fruchtstückchen

Zutaten
1 kg Früchte, vorbereitet gewogen
1 kg Fruchtzucker
10 g Zitronensäure
7 EL flüssiges Geliermittel

1 Die Hälfte der Früchte in grobe Stücke schneiden, den Rest sehr fein zerkleinern.
2 Die Fruchtmasse in einem Topf zusammen mit dem Fruchtzucker und der Zitronensäure unter Rühren zum Kochen bringen und 10 Minuten sprudelnd kochen lassen.
3 Nun das flüssige Geliermittel hinzufügen und das Ganze noch einmal kurz aufwallen lassen.
4 Die Konfitüre noch heiß in die vorbereiteten Gläser abfüllen und diese verschließen.

Tipp: Wenn Sie bei diesen beiden Rezepten Heidelbeeren oder Johannisbeeren verwenden, benötigen Sie kein flüssiges Geliermittel.
Hinweis: 100 g enthalten durchschnittlich: Kohlenhydrate 47,1 g • Broteinheiten 4,4 • kcal/kJ 212/887.

Grundrezept für Diabetiker-Gelee

Zutaten
0,75 l Fruchtsaft
400 g Fruchtzucker
25 g Gelierpulver

1. Das Gelierpulver und den Fruchtzucker in einem Topf vermischen und den Fruchtsaft hinzufügen.
2. Alles unter Rühren zum Kochen bringen und dann noch 1 Minute sprudelnd kochen lassen.
3. Das Gelee noch heiß in die vorbereiteten Gläser abfüllen und diese verschließen.

Hinweis: 100 g enthalten durchschnittlich: Kohlenhydrate 44,8 g • Broteinheiten 3,75 • kcal/kJ 180/755.

Einmachen von Obstkompott

Grundrezept

Zutaten
2 kg Früchte
1 l Wasser
500 g Zucker

1. Die gewaschenen und nach Bedarf zerkleinerten Früchte in Zitronenwasser legen, damit sie nicht oxidieren und dadurch braun werden (je nach Rezept müssen die Früchte vorher ein bis zwei Minuten blanchiert werden).
2. Die Früchte aus dem Wasser nehmen und bis höchstens 2 cm unter den Rand in die Einmachgläser einschichten.
3. Das Wasser mit dem Zucker aufkochen. Den Zuckersirup in die Gläser füllen; diese mit den Gummiringen, Glasdeckeln und Federklammern verschließen.
4. Die Gläser in den Topf oder Backofen stellen. Einkochzeit und -temperatur nach den Angaben des Herstellers beachten.
5. Nach dem Einkochen die Gläser zum Abkühlen kopfüber an einen geschützten Platz stellen.
6. Die Federklammern erst nach dem vollständigen Auskühlen von den Gläsern entfernen.

Tipp: Die Gläser zum Lagern an einen dunklen und kühlen Platz stellen. Ungeöffnet halten sie einige Monate. Geöffnete Gläser so schnell wie möglich verbrauchen!

Heißeinfüllen

Das Heißeinfüllen bereitet wesentlich weniger Arbeit als das Einkochen. Es eignet sich allerdings nur für Stein-, Kern- und Beerenobst. Dabei werden schädliche und verderbende Keime durch die Hitze abgetötet. Um Neuinfektionen auszuschließen, werden die Gläser luftdicht abgeschlossen.

Sie benötigen

- spezielle Gläser mit Gummiring, Glasdeckel und Federklammern, die gut zu stapeln sind,
- Küchenwaage,
- Messbecher,
- Schaumlöffel,
- Einfülltrichter,
- unterschiedlich große Töpfe aus Edelstahl,
- Etiketten zum Beschriften der fertigen Gläser.

Zutaten
2 kg Früchte
1 l Wasser
600 g Zucker

Grundrezept für das Heißeinfüllen

1 Die Früchte auf ihren einwandfreien Zustand kontrollieren (ggf. einzelne Früchte aussortieren) und waschen.

2 Den Zucker mit dem Wasser aufkochen, dann die – nach Bedarf – zerkleinerten Früchte darin kochen. Kochzeit: zwischen 5 und 7 Minuten, je nach der Größe der Fruchtstücke.

3 Die Früchte anschließend mit einem Schaumlöffel herausnehmen und bis etwa 2 cm unterhalb der Oberkante in die Gläser schichten.

4 Den Zuckersirup noch einmal aufkochen und dann die Gläser sofort damit auffüllen.

5 Die Gläser verschließen, auf den Kopf stellen und auskühlen lassen.

Tipp: Die gut verschlossenen Gläser halten einige Monate; sie sollten an einem kühlen und vor Licht geschützten Platz gelagert werden. Um die konservierende Wirkung zu unterstützen, in dem Glasdeckel, während er aufgesetzt wird, einige Tropfen 54 %igen Alkohol verbrennen. Dadurch wird der restliche Sauerstoff im Oberteil des Glases verbraucht, es entsteht ein keimausschließendes Vakuum. Außerdem behält die Oberfläche der Fruchtmasse so ihre natürliche kräftige Farbe.

Einmachen von Gemüse

Diese Methode hat gegenüber dem Einfrieren den Vorteil, dass das Gemüse sofort genussfertig zur Verfügung steht. Durch die hohe Temperatur gehen zwar Vitamine und Geschmack zum Teil verloren, trotzdem ist diese Art des Haltbarmachens sehr zu empfehlen.

Grundrezept fürs Einmachen von Gemüse

Zutaten
Gemüse nach Geschmack
Wasser
Salz (10 g/l Wasser)

1. Das Gemüse gründlich waschen, je nach Sorte schälen, schaben oder zerkleinern (härtere Gemüse müssen in Salzwasser einige Minuten vorgekocht werden).
2. Rohes Gemüse bis knapp unter den Rand in die vorbereiteten Gläser einfüllen, vorgedünstetes Gemüse bis etwa 2 cm unter den Glasrand.
3. Mit Salzwasser auffüllen, bis das Gemüse knapp bedeckt ist. Bei vorgekochtem Gemüse verwenden Sie dafür das Kochwasser.
4. Beachten Sie beim Einkochen die Temperaturangaben der Rezepte.

Saures und süßsaures Einlegen von Obst und Gemüse

Hier wird der konservierende Effekt durch Essig, eine Essig-Zucker-Mischung, Salz und Öl erzielt. Sie können praktisch alles einlegen, was eine feste Schale besitzt, ganz nach Ihrem Geschmack: zum Beispiel Gurken in Essig oder Salzlake oder Birnen süßsauer. Eingelegtes Obst und Gemüse hält etwa sechs Monate. Möchten Sie Eingelegtes länger lagern, müssen Sie es zusätzlich noch Einkochen. Dadurch sinkt der Vitamingehalt allerdings stark.

Sie benötigen

- kleine Gläser mit Twist-off-Deckeln zum Einfüllen. Sie können die Gläser zwar auch mit Zellophan verschließen, doch dies bietet keinen ausreichenden Schutz vor dem Austrocknen und Schimmelbefall,
- Küchenwaage,
- Edelstahltöpfe in verschiedenen Größen,
- Schaumkelle,
- Einfülltrichter,
- Etiketten zum Beschriften.

Zutaten
1 kg Gemüse
0,5 l Essig
0,25 l Wasser
1 TL Salz
Gewürze und Kräuter nach Geschmack

Grundrezept für sauer Eingelegtes

1 Den Essig mit den übrigen Zutaten aufkochen, dann das zerkleinerte Gemüse darin garen.
2 Anschließend das Gemüse nach und nach mit der Schaumkelle in die Gläser schichten.
3 Den Essigsud noch einmal aufkochen und die Gläser damit auffüllen; dabei muss das Gemüse vollkommen bedeckt sein.
4 Zum Schluss die Gläser verschließen.

Zutaten
1 kg Obst oder Gemüse
0,5 l Essig
0,25 l Wasser
2–3 TL Zucker
Gewürze und Kräuter nach Geschmack

Grundrezept für süßsauer Eingelegtes

1 Den Essig mit den übrigen Zutaten aufkochen, dann das zerkleinerte Obst und Gemüse darin garen.
2 Mit der Schaumkelle die Früchte aus dem Sud holen und in die Gläser schichten.
3 Den Essigsud noch einmal aufkochen und die Gläser damit auffüllen; dabei müssen die Früchte vollständig bedeckt sein.
4 Anschließend die Gläser verschließen.

Chutney, Relish und Ketchup

Die hauptsächlichen Zutaten bei Chutneys, Relishes und Ketchups sind Zucker, Essig und Salz. Sie bewirken die Konservierung. Zusätzlich werden durch das Kochen der Masse die Fäulnisbakterien abgetötet.

Tipp: Gläser und Flaschen müssen absolut unbeschädigt sein. Am besten Twist-off-Gläser verwenden, die vor dem Gebrauch gründlichst gereinigt werden müssen. Die Masse randvoll und kochend heiß einfüllen, danach die Gläser sofort verschließen.
Die Behältnisse sollten an einem kühlen und dunklen Platz mindestens vier Wochen stehen, bevor man sie verwendet.

Milchsaures Einlegen

Früher wurden für die Milchsäuregärung Steintöpfe verwendet. Das Gärgut war abgedeckt mit einem Tuch und einem Holzdeckel, beschwert mit einem Stein. Möchten Sie diese Methode anwenden, müssen Sie die Töpfe regelmäßig kontrollieren! Auf der Oberfläche bildet sich nämlich ein grauweißer Belag, die Kahmhefe. Diese Kahmschicht ist jedoch kein

Schimmel und völlig ungefährlich. Sie beeinträchtigt jedoch den Geschmack und macht zudem das Wasser unnötig trüb. Deshalb muss eine Kahmschicht immer abgeschöpft werden. Bei neueren Gärtöpfen liegt der Deckel in einer mit Wasser gefüllten Rinne. So kann keine Luft eindringen und es kann sich keine Kahmhefe bilden.

Grundrezept zum milchsauren Einlegen

1 Das Gemüse, zum Beispiel Weißkraut, Möhren oder Paprika, grob zerkleinern und roh in das Behältnis einlegen.
2 Auf das Gärgut abgekochtes erkaltetes Salzwasser (auf 1 l Wasser 15 g Salz) gießen. Verwenden Sie gewöhnliches Meersalz oder Kochsalz. Jodierte oder fluoridisierte Salze eignen sich nicht!
3 Nun 2 EL Brottrunk (er enthält die Milchsäurebakterien) dazugeben. Die Milchsäurebakterien setzen die Gärung in Gang.
4 Das Glas verschließen und kühl lagern. Nach etwa drei Wochen ist der Gärprozess beendet.

Tipp: Wird ein Steintopf mit Deckel verwendet, dann das Gärgut zusätzlich mit Pflanzenblättern abdecken, um es vor Luftkontakt zu schützen. Dazu eignen sich Blätter von Kohl, Himbeeren, Schwarzen Johannisbeeren und Eiche.

Als Gefäß für kleine Mengen eignen sich Einmachgläser von 1 bis 3 Litern, für größere Mengen gibt es Gärtöpfe von 6 bis 30 Litern Inhalt.
Um die Gärung schnell und sicher in Gang zu bringen, setzen Sie dem Gemüse einen »Starter« aus Molke oder Gärsaft zu. Noch schneller funktioniert es mit Fermenten. Sie bekommen sie im Reformhaus oder in einem Naturkostladen.

Einlegen in Essig und Öl

Beide Methoden zur Haltbarmachung sind schon seit der Antike bekannt und bewährt.

Zutaten
Weißwein-, Rotwein- oder Obstessig (je nach Kräutern und späterem Verwendungszweck)
Stets frische Kräuter verwenden!

Grundrezept für Kräuteressig

1 Die Kräuter (es können Estragon, Dill, Rosmarin oder Thymian mit Bohnenkraut verwendet werden) gründlich waschen und abtropfen lassen.
2 Bevor sie mit Essig übergossen werden, sollten die Kräuter im Backofen bei 50 °C bis 60 °C leicht trocknen.
3 Die Stängel in eine Flasche stecken, die Gewürze zufügen und mit dem Essig auffüllen, die Flasche verschließen.
4 Auf einer sonnigen Fensterbank etwa zwei bis drei Wochen stehen lassen, dann die Kräuter herausnehmen.

Tipp: Sollen die Kräuter in der Flasche bleiben, dann nach jeder Entnahme wieder mit Essig auffüllen, damit sie immer bedeckt bleiben.

Zutaten
Kräuter wie Pfefferminze, Rosmarin, Thymian oder Oregano
Pflanzenöl, vorzugsweise Olivenöl

Grundrezept für Kräuteröl

1 Die Kräuter nach dem Waschen gut abtropfen und trocknen lassen (feuchte Kräuter trüben das Öl ein; es wird nach kurzer Zeit ungenießbar).
2 Die Kräuter in die vorbereitete Flasche einfüllen und das Öl aufgießen. Die Kräuter sollten immer gut mit Öl bedeckt sein!
3 Das Ganze etwa zwei bis drei Wochen ziehen lassen.

Zutaten
1 kg Gemüse
etwa 0,5 l Pflanzenöl, am besten Olivenöl
Salz
Kräuter und Gewürze nach Geschmack

Grundrezept für das Einlegen in Öl

1 Das Gemüse putzen, waschen und anschließend in kleine mundgerechte Stücke schneiden.
2 Kurz in etwas Öl dünsten und würzen.
3 Anschließend das Gemüse in die Gläser schichten und so weit mit dem Öl auffüllen, bis es vollständig bedeckt ist.
4 Dann die Gläser luftdicht verschließen.

Tipp: Gläser mit in Öl eingelegten Gemüsen möglichst an einem kühlen und dunklen Platz lagern. Sie halten sich ungeöffnet gut einige Monate. Geöffnete Gläser so schnell wie möglich aufbrauchen.

Die beste Saison für Obst und Gemüse

Sie finden während des ganzen Jahres die verschiedensten Obst- und Gemüsesorten im Handel. Trotzdem sollten Sie versuchen, »nach Saison«, also nach der entsprechenden Jahreszeit zu kaufen. Das heißt zum Beispiel: keine Erdbeeren im Dezember oder Paprika im Februar. Sie können dann nämlich sicher sein, dass Sie Treibhausware oder Produkte aus weit entfernten Ländern bekommen. Beides zeigt nicht den guten Geschmack und das feine Aroma von frischer, heimischer Ware. Zudem können Sie fast sicher sein, dass Treibhausprodukte sehr viel Düngemittel enthalten und Obst oder Gemüse aus exotischen Regionen unreif geerntet wurde. Es muss dann oft künstlich nachreifen (mit Bestrahlung o. Ä.) und wird außerdem meist begast, damit es auf den langen Transportwegen nicht zu Schädlingsbefall kommt.
Grundsätzlich eignen sich für die Herstellung von Marmeladen, Konfitüren und Gelees alle Früchte und Wildfrüchte. Sie müssen allerdings den unterschiedlichen Pektingehalt von Früchten und Beeren beachten. Einige Fruchtsorten enthalten mehr Pektin und Fruchtsäuren und gelieren deshalb schneller:

Sehr pektin- und säurereich:
Unreife Äpfel, Brombeeren, Rote Johannisbeeren, nicht allzu reife Quitten, Rhabarber, Stachelbeeren und Zitrusfrüchte

Mittlerer Pektin- und Säuregehalt:
Aprikosen, Himbeeren, Schwarze Johannisbeeren, Mirabellen, Nektarinen, Pfirsiche, Pflaumen, Reineclauden und Zwetschgen

Geringer Pektin- und Säuregehalt:
Ananas, Birnen, Erdbeeren, Holunder, Kirschen, Kürbis und Trauben

Gelier- und Einmachhilfen von A bis Z

Die meisten Gelier- und Einmachhilfen sind pflanzlich; Sie können sie ohne Bedenken verwenden. Trotzdem sollten Sie wissen, was in den einzelnen »Hilfen« enthalten ist:

- **Agar-Agar** ist ein rein pflanzliches Verdickungsmittel, das aus der Meeres-Rotalge hergestellt wird. Es eignet sich besonders zur Herstel-

Einige Fruchtsorten enthalten mehr Pektin und Fruchtsäuren und gelieren deshalb schneller.

lung von zuckerreduzierten oder zuckerfreien Konfitüren und Gelees. Sie bekommen Agar-Agar im Reformhaus oder im Naturkostladen.

- **Benzoesäure** ist eine organische Säure, die in Harzen und verschiedenen Beeren enthalten ist und die Schimmelbildung verhindert. Sie ist Bestandteil von Einmachhilfen.
- **Essig** ist ein Gärprodukt alkoholhaltiger Flüssigkeiten (Branntwein und Wein), die mit Hilfe von Essigsäurebakterien zur Gärung gebracht werden. Konservierend wirkt er bereits bei einem Säuregehalt von 0,8 %. Essigessenz ist wesentlich höher konzentriert, deshalb muss man sie beim Einmachen immer verdünnen.
- **Pektin** ist ein Enzym, das Fruchtfleisch und Fruchtsaft zusammenhält. Es wird aus getrockneten Obstrückständen, zum Beispiel bei der Apfelsaftproduktion, oder aus den Schalen von Zitrusfrüchten gewonnen. Apfel- und Zitruspektin sind natürliche Gelier- und Verdickungsmittel. Sie ermöglichen in Kombination mit Zucker und Fruchtsäure das Gelieren von Marmeladen, Konfitüren und Gelees. Wenn Sie Geliermittel oder Gelierzucker im Handel kaufen, enthalten diese vorwiegend Pektin.
- **Salz** wird speziell für die Milchsäuregärung benötigt. Sie verwenden am besten Koch- oder Meersalz.
- **Sorbinsäure** ist eine organische Säure, die in der Natur vorkommt und die Verbreitung von Schimmelpilzen und Fäulnisbakterien verhindern hilft.
- **Zitronensäure** gehört wie Weinsäure zu den natürlichen Genusssäuren. Sie kommt insbesondere in Zitrusfrüchten, aber auch in Johannisbeeren vor. Zitronensäure benötigen Sie für die Geschmacksbildung und zur Verstärkung des Geschmacks.
- **Zucker** sorgt für Geschmacksverbesserung und verhilft zu einem besseren Gelieren bei der Herstellung von Marmeladen, Konfitüren und Gelees. Brauner Zucker, Kandis- oder Rohrzucker eignen sich für Relishes, Chutneys und süßsauer eingemachte Früchte. Mit grobkörnigem Hagelzucker kann man Obstpasten bestreuen.

Tipp: Kochen Sie auf die herkömmliche Weise mit Einmachzucker ein, sollten Sie pektinarme und pektinreiche Früchte mischen. Unter vollreifes Obst mischen Sie einen entsprechenden Anteil an unreifen Früchten, dann können Sie sicher sein: Die Konfitüre geliert in jedem Fall.

In den Tabellen auf den inneren Umschlagseiten finden Sie die bekanntesten Sorten von Obst und Gemüse, die Sie in vielen Variationen einkochen, einlegen, trocknen oder auch durch Milchsäuregärung haltbar machen können. In den Tabellen sind jeweils die Hoch-Zeiten der Ernte dargestellt. Manches ist schon früher (dann aber teurer) aus heimischer Ernte zu haben, manches auch noch ein paar Wochen später (dann ebenfalls nicht mehr so preiswert). Wer Obst und Gemüse im Hinblick auf Vorratshaltung einkochen möchte, sollte sich an diesen beiden Tabellen orientieren.

Richtig einkaufen und lagern

Die in den einzelnen Monaten aufgeführten Obst- und Gemüsesorten eignen sich alle für die verschiedensten Arten der Konservierung, zum Einmachen und Einlegen.

Die Tabellen auf den inneren Umschlagseiten geben eine gute Orientierung zum Einkauf von preiswertem Saisongemüse.

Tipps für Einkauf und Lagerung

- Kaufen Sie frisches Obst und Gemüse und achten Sie dabei auf welke und braune Stellen. Meiden Sie überreife Früchte und Gemüse.
- Die Handelsklassen entscheiden nicht über die Qualität, sondern lediglich über das Aussehen von Obst und Gemüse.
- Haben Sie vor, größere Mengen einzumachen, nutzen Sie die Angebote verschiedener Bauern in Ihrer Umgebung. Dort kann man oft preisgünstig gute, frische Ware einkaufen.
- Ernten oder kaufen Sie nur so viel Obst und Gemüse, wie Sie an einem Tag verarbeiten können.
- Früchte und Gemüse sollten einwandfrei und frisch sein. So erzielen Sie auch beim Eingemachten einen optimalen Geschmack, eine appetitliche Farbe und längstmögliche Haltbarkeit.
- Eingemachtes lässt sich nur begrenzt lagern! Nach einer gewissen Zeit gehen wertvolle Inhaltsstoffe verloren, Farbe und Aroma verblassen. Wählen Sie daher die Größe der Einmachgläser richtig aus.
- Selbst bei Marmeladen, Gelees und Konfitüren ist es sinnvoller, kleine Gläser abzufüllen. Stellen Sie zum Frühstück dann lieber zwei oder drei Sorten auf den Tisch.
- Generell gilt: Geöffnete Gläser möglichst schnell verbrauchen!

Rezepte für das ganze Jahr

Januar

Orangenmarmelade nach englischer Art

Zutaten:
1 kg unbehandelte Orangen
1 kg Gelierzucker
etwa 125 ml Wasser

1 Die Orangen heiß waschen und nach dem Abtrocknen schälen.
2 Das Fruchtfleisch zerkleinern. Die Schale von 2 Orangen ohne die weiße Haut vorsichtig in feine dünne, etwa 3 bis 4 cm lange Streifen schneiden.
3 Nun das Fruchtfleisch, die Schalenstreifen, das Wasser und den Gelierzucker vermischen und zum Kochen bringen. 4 Minuten sprudelnd kochen lassen.
4 Noch heiß in die vorbereiteten Gläser abfüllen und diese sofort verschließen.

Bittere Orangenmarmelade

Zutaten:
4–6 unbehandelte Orangen, etwa 800–850 g
1 l Wasser
1 kg Gelierzucker

1 Die Orangen waschen, abtrocknen, die Kerne entfernen und in Stücke schneiden oder mit dem Mixstab zerkleinern.
2 Die Fruchtmasse in einer Schüssel mit dem Wasser übergießen und zugedeckt etwa 24 Stunden stehen lassen.
3 Nun die Masse in einem Topf zum Kochen bringen und 5 Minuten sprudelnd kochen lassen.
4 Den Gelierzucker zufügen und noch einmal 4 Minuten kochen.
5 Noch heiß in die vorbereiteten Gläser abfüllen und diese sofort verschließen.

Hinweis für alle Rezepte:

- Rezepte mit süßen Zutaten besitzen eine **orange** Überschrift, solche mit pikanten Zutaten eine **dunkelgrüne**.
- Bereiten Sie für Konfitüren, Gelees, Marmeladen und Chutneys für jeweils ein Kilo Obst- bzw. Gemüse-Einwaage stets 4 bis 5 Gläschen (mit jeweils 0,25 l Inhalt) vor.
- Für Öle und Liköre bzw. Weine ergibt sich die Größe der benötigten Flaschen aus der Flüssigkeitsmenge, die als Basis für das Rezept angegeben ist.
- In allen anderen Fällen finden Sie entsprechende Hinweise jeweils direkt beim Rezept aufgeführt.

Zutaten
1 l frisch gepresster Grapefruitsaft
1 kg Gelierzucker

Grapefruit-Gelee

1 Den Grapefruitsaft durch ein Mulltuch abfiltern – er sollte möglichst klar sein.
2 Den kalten Saft mit dem Gelierzucker verrühren, alles zum Kochen bringen und einige Minuten sprudelnd kochen lassen.
3 Das Gelee nach der Gelierprobe in die vorbereiteten Gläser abfüllen und diese verschließen.

Zutaten
2 kg Quitten
500 g Honig
500 g Zucker
ca. 4 EL Weinessig
700 ml Wasser
3–4 Stück Sternanis
½ unbehandelte Zitrone
125 ml Weinbrand

Weinbrandquitten Pfälzer Art (Foto)

1 Die Quitten schälen und halbieren, entkernen und anschließend in Spalten schneiden.
2 Aus dem Honig, dem Zucker, dem Essig und dem Wasser eine Zuckerlösung bereiten; zusammen mit dem Sternanis und der in dünne Scheiben geschnittenen Zitrone kurz aufkochen. Darauf achten, dass sich der Zucker vollkommen auflöst.
3 Die Quittenspalten zugeben und alles zum Kochen bringen. Bei schwacher Hitze 20 bis 30 Minuten ziehen lassen.
4 Die Quittenspalten mit einem Schaumlöffel herausnehmen und in die vorbereiteten Gläser füllen.
5 Nun die Flüssigkeit auf ca. 1 ½ Liter einkochen und den Weinbrand hinzufügen. Alles heiß über die Quitten gießen.
6 Die Gläser verschließen, kühl und dunkel aufbewahren.

Rotkohl

Zutaten
etwa 2,5 kg Rotkohl
Essig (auf 1 kg Rotkohl 2 EL Essig)
Zucker
Salz

1 Die äußeren Blätter sowie die schlechten Stellen vom Rotkohl entfernen. Den Kopf halbieren und den Strunk herausschneiden.
2 Jede der Hälften kurz waschen, möglichst fein schneiden oder hobeln und in eine große Schüssel geben.
3 Den Essig darüber gießen, mit Zucker und Salz bestreuen, mischen, mit einem Tuch bedecken und an einem kühlen Platz über Nacht stehen lassen.
4 Am nächsten Tag mit der Flüssigkeit, die sich gebildet hat, in die vorbereiteten Gläser füllen und diese verschließen.
5 Einkochzeit bei 98 °C: 90 Minuten.

Hinweis: Die Zutaten ergeben etwa 4 Gläser mit je 1 l Inhalt.

Eingelegter Käse

Zutaten
500 g Harzer Käse (4 Rollen mit je 125 g)
400 g Schafskäse
2 Knoblauchzehen
100 g rote Zwiebeln
100 g weiße Zwiebeln
½ Bund glatte Petersilie
1 TL Kümmel
2 grüne Pfefferschoten
750 ml Öl
1½ EL Essigessenz (25 %)

1 Den Harzer Käse in nicht zu dünne Scheiben schneiden, den Schafskäse würfeln.
2 Die Knoblauchzehen schälen und in feine Scheiben schneiden, die Petersilie waschen und von den Stielen zupfen.
3 Alle Zutaten zusammen mit den Kümmelkörnern und den Pfefferschoten in eine Schüssel oder in ein Glas mit Deckel schichten.
4 Das Öl mit der Essigessenz gut mischen und über den Käse gießen. Er muss mit der Flüssigkeit gut bedeckt sein.
5 Mit Folie oder Deckel gut verschließen und 2 bis 3 Tage im Kühlschrank ziehen lassen.
6 Vor dem Servieren etwas von der Marinade abgießen.

Tipp: Dazu passt herzhaftes Bauernbrot.

Indisches Bananen-Chutney

Zutaten
2 Bananen
250 g Gelierzucker
2 EL Wasser
2 EL Weißwein
Saft von 1 Zitrone
1 Messerspitze Ingwer
Salz, Pfeffer
1 Eigelb

1 Die Bananen mit einer Gabel gut zerdrücken. Dann die Masse zusammen mit dem Gelierzucker, dem Wasser und dem Weißwein vermischen und in einem Topf zum Kochen bringen. Etwa 4 Minuten sprudelnd kochen lassen.
2 Den Zitronensaft hinzufügen, mit Salz, Pfeffer und Ingwer würzen. Das verquirlte Eigelb unter die noch heiße, aber nicht kochende Masse rühren.
3 Das Chutney in die vorbereiteten Gläser abfüllen und diese dann fest verschließen.

Sauerkraut milchsauer (Foto)

Zutaten
5 kg Weißkraut
30–40 g Salz
1–3 EL Wacholderbeeren, Dill oder Kümmel
säuerliche Äpfel
250 ml Starter, Molke oder Buttermilch

1 Das Weißkraut putzen und in eine große Schüssel hobeln. Einige Blätter zum Abdecken aufbewahren.
2 Ein Viertel der Krautmenge in den vorbereiteten Gärtopf füllen, mit einem Krautstampfer so lange gründlich stampfen, bis sich ausgiebig Saft gebildet hat.
3 Schichtweise immer wieder das Kraut nachfüllen und stampfen, bis der Topf etwa zu $^4/_5$ gefüllt ist.
4 Nun den Starter, die Molke oder Buttermilch hinzufügen und die Topfwand mit einem sauberen Tuch sorgfältig reinigen.
5 Mit den zurückbehaltenen Blättern sorgfältig abdecken und mit Steinen beschweren.
6 Falls das Gemüse nicht genügend Saft gezogen hat, abgekochtes, leicht gesalzenes Wasser nachfüllen. Wasser in die Rinne des Topfrandes geben und den Deckel aufsetzen.
7 Den Gärtopf einige Tage bei Zimmertemperatur stehen lassen, anschließend an einen kühlen Platz stellen. Nach etwa 4 Wochen ist das Gemüse fertig.

Hinweis: Die Zutaten sind berechnet für einen Gärtopf mit 5 l Inhalt.

Februar

Zutaten
900 g Kumquats (Zwergorangen)
1 kg Gelierzucker
100 ml Rum
Saft von 1 Limette
1 Päckchen Vanillinzucker

Kumquats-Rum-Konfitüre

1 Die Kumquats waschen und nach dem Trocknen fein würfeln, dabei die Kerne entfernen.
2 Mit dem Gelierzucker in einer Schüssel gut vermischen und abgedeckt 3 bis 4 Stunden ziehen lassen.
3 Die Früchte nun in einem großen Topf mit dem Rum, dem Limettensaft und dem Vanillezucker mischen.
4 Alles aufkochen und dann 5 Minuten unter ständigem Rühren sprudelnd kochen lassen.
5 Die Konfitüre in die vorbereiteten Gläser abfüllen, diese verschließen und auf den Kopf stellen.

Hinweis: Die Zutaten sind berechnet für 3 Gläser à 450 g.

Zitronenmarmelade nach englischer Art

1 Die Zitronen waschen und nach dem Abtrocknen auf einer Rohkostraspel reiben, dabei alle Kerne entfernen.
2 Die Fruchtmasse in einer Schüssel mit dem Wasser übergießen und zugedeckt etwa 24 Stunden stehen lassen.
3 Nun die Fruchtmasse in einem Topf zum Kochen bringen und 5 Minuten sprudelnd kochen lassen.
4 Den Gelierzucker hinzufügen und noch weitere 4 Minuten kochen.
5 Noch heiß in Gläser füllen und diese verschließen.

Zutaten
5 unbehandelte Zitronen
1 l Wasser
1 kg Gelierzucker

Ananas-Chutney

1 Die Ananas, die Zwiebeln und den Ingwer schälen, alles in feine Würfel schneiden; die Rosinen verlesen.
2 Die vier Zutaten mit dem braunen Zucker, Salz, dem Currypulver, Cayennepfeffer, Zitronensaft und dem Weinessig etwa 45 Minuten in einem großen Topf dünsten, bis die Flüssigkeit fast verdampft ist.
3 Das Chutney mit Salz, Zucker, Cayennepfeffer, Currypulver und dem Zitronensaft noch einmal abschmecken.
4 Nun die Einmachhilfe unterrühren, das Chutney in die vorbereiteten Gläser füllen und nach dem Erkalten verschließen.

Tipp: Man kann das Chutney auch anders zubereiten: Einfach noch heiß in die vorbereiteten Gläser füllen, diese sofort verschließen, umdrehen und 5 Minuten auf dem Deckel stehen lassen.

Zutaten
1 große frische Ananas
4 mittelgroße Zwiebeln
50 g Ingwerwurzel
200 g Rosinen
250 g braunen Zucker
Salz
2 TL Currypulver
Cayennepfeffer
Zitronensaft
250 ml Weinessig
1 Päckchen Einmachhilfe

Mandarinen-Sellerie-Marmelade

1 Die Mandarinenstücke so gut wie möglich von der weißen Haut befreien und in Stückchen schneiden.
2 Selleriewürfel und Gelierzucker in einem Topf mit den Mandarinenstücken vermischen.
3 Das Ganze zum Kochen bringen und dann noch 4 Minuten sprudelnd kochen lassen.
4 In die vorbereiteten Gläser abfüllen und diese verschließen.

Zutaten
400 g Mandarinen, vorbereitet gewogen
100 g Sellerie, gekocht und gewürfelt
500 g Gelierzucker

Rosmarin-Würzöl (Foto rechts)

Zutaten
3 Knoblauchzehen
2–3 große Rosmarinzweige
5 Wacholderbeeren
3 Nelken
½ TL Pfefferkörner
0,5 l Raps-Kernöl

1 Die Knoblauchzehen abziehen und vierteln.
2 Die Knoblauchviertel mit den Rosmarinzweigen und den Gewürzen in eine Flasche geben.
3 Mit Raps-Kernöl auffüllen.

Tipp: Mit der flachen Messerklinge leicht gequetscht, geben die Wacholderbeeren mehr von ihrem Aroma in das Würzöl ab.

Pikantes Kräuteröl für Pizza (Foto Mitte)

Zutaten
2 kleine Zwiebeln
2 Knoblauchzehen
5 Pfefferschoten
einige Salbeiblätter
2 Lorbeerblätter
0,5 l Raps-Kernöl

1 Zwiebeln und Knoblauchzehen abziehen und vierteln.
2 Zusammen mit den Pfefferschoten und den Salbei- und Lorbeerblättern in eine Flasche mit breiter Öffnung geben.
3 Mit Raps-Kernöl auffüllen.

Tipp: Bestreichen Sie unmittelbar vor dem Servieren den Rand der Pizza mit dem Kräuteröl

Kräuter-Knoblauch-Öl (Foto links)

Zutaten
3–4 Knoblauchzehen
1 Lorbeerblatt
1 Zweig Thymian
1 Zweig Rosmarin
einige Pfefferkörner
½ TL Salz
0,5 l Raps-Kernöl

1 Knoblauchzehen abziehen und grob zerkleinern.
2 Die zerkleinerten Zehen mit den Gewürzen, den Pfefferkörnern und dem Salz in eine Flasche geben.
3 Mit Raps-Kernöl auffüllen.

Orangen-Apfel-Chutney (auch für Diabetiker geeignet)

Zutaten
500 g Orangen, vorbereitet gewogen
500 g Äpfel
250 g Zwiebeln
30 g Ingwerwurzel
2 Knoblauchzehen
2 EL flüssiger Süßstoff
Saft und Schale von 1 unbehandelten Zitrone
1 TL Salz
½ TL Pfeffer
1 EL Senfkörner
250 ml Weinessig

1 Die Orangen vierteln und die Kerne entfernen; die Äpfel vierteln, schälen, entkernen und in Scheiben schneiden.
2 Die Zwiebeln schälen und in feine Ringe schneiden; den Knoblauch und den Ingwer zerkleinern. Alles zusammen vermischen, den Süßstoff, die Zitronenschale und den Zitronensaft hinzufügen, mit Salz, Pfeffer und den Senfkörnern würzen.
3 Die ganze Masse mit dem Weinessig verrühren und 30 Minuten in einem Topf einkochen lassen.
4 Möglichst schnell in die vorbereiteten Gläser abfüllen und diese verschließen.

Hinweis: 100 g enthalten durchschnittlich: Kohlenhydrate 10,2 g • Broteinheiten 0,8 • kcal/kJ 50/205.

Antipasti in Raps-Kernöl

Zutaten
500 g Gemüse
(z.B. Zucchini, gelbe und rote Paprika,
5 Knoblauchzehen,
3 Schalotten oder kleine Zwiebeln)
1 Chili
2 TL Kräuter der Provence
500 ml Raps-Kernöl
1 EL Balsamico
½ TL Salz

1 Gemüse putzen, waschen und in Scheiben oder Streifen schneiden.
2 Die Chili halbieren, die Kerne entfernen und anschließend das Fruchtfleisch fein hacken.
3 Gemüse und Chili mit den Kräutern mischen, 125 ml Raps-Kernöl darübergießen und 1 Stunde durchziehen lassen.
4 Alles in einer großen Pfanne leicht anbräunen und das Gemüse bissfest garen.
5 Das Gemüse mit etwas Balsamico beträufeln und in ein Glas geben.
6 Mit Raps-Kernöl auffüllen.

Tipp: Nachdem Sie die Chilischote verarbeitet haben, sollten Sie sich möglichst sofort die Hände waschen. Wer sich einmal mit »Chili-Fingern« die Augen gerieben hat, weiß warum.

Kräuteröl

Zutaten
Majoran
Thymian
Salbei
1 Lorbeerblatt
Pfefferkörner
1 Flasche Raps-Kernöl

1 Kräuter und Gewürze in ein Glas geben.
2 Mit Raps-Kernöl auffüllen.

Tipp: Eine geschmacklich interessante Variante des Kräuteröls erhalten Sie, wenn Sie zu den drei genannten Kräutern noch etwas Estragon hinzufügen.

Rosmarinöl

Zutaten
2–3 große Rosmarinzweige
0,5 l Raps-Kernöl

1 Die Rosmarinzweige in eine Flasche geben.
2 Mit Raps-Kernöl auffüllen.

März

Grapefruit-Walnuss-Marmelade

Zutaten
900 g Grapefruits, vorbereitet gewogen
50 g Walnusskerne
2–3 Stück Ingwer in Sirup
1 kg Gelierzucker
2–3 EL weißer Rum

1 Die Grapefruits schälen und grob zerkleinern, zusammen mit den Walnüssen und dem Ingwer mit dem Mixstab gut zerkleinern.
2 In einem Topf mit dem Gelierzucker vermischen, zum Kochen bringen und 4 Minuten sprudelnd kochen lassen.
3 Nun den Rum zugeben.
4 Die Marmelade in die vorbereiteten Gläser abfüllen und diese verschließen.

Hinweis: Bei den Grapefruits auf frische Ware achten. Ältere Früchte lassen sich schwer verarbeiten und haben nicht die gewünschte Geschmacksfülle.

Bananenkonfitüre

Zutaten
500 g Bananen, geschält gewogen
500 g Gelierzucker
4 Limetten oder ersatzweise 2 Zitronen
1 Stück frischer Ingwer, etwa 2 cm

1 Die Bananen schälen, in Scheiben schneiden und mit dem Saft einer Limette oder ½ Zitrone vermischen.
2 Die anderen Limetten oder Zitronen schälen und filieren, den Saft auffangen und mit den Fruchtstückchen zu den Bananen geben, den Gelierzucker untermischen.
3 Den Ingwer schälen, fein reiben und ebenfalls mit unter die Bananen geben.
4 Zusammen etwa 1 Stunde ziehen lassen, anschließend in einen großen Topf geben.
5 Unter gelegentlichem Rühren aufkochen und 4 Minuten sprudelnd kochen lassen.
6 Vorsichtig in die vorbereiteten Gläser füllen und diese verschließen.

Apfelgelee

Zutaten
750 ml ungesüßter Apfelsaft, gewonnen aus 2–2,5 kg Äpfeln
250 ml Apfelwein
1 kg Gelierzucker
Saft von 1 Zitrone
1 TL gemahlener Ingwer

1 Den Apfelsaft, Apfelwein und den Gelierzucker verrühren. In einem Topf unter ständigem Rühren zum Kochen bringen und 1 Minute sprudelnd kochen lassen.
2 Den Zitronensaft und den Ingwer hinzufügen.
3 Nach der Gelierprobe das Gelee in die vorbereiteten Gläser füllen und diese sofort luftdicht verschließen.

Mandarinengelee

Zutaten
750 ml frisch gepresster Mandarinensaft
1 kg Gelierzucker

1. Den Mandarinensaft in einen Topf geben und mit dem gesamten Gelierzucker vermischen.
2. Das Ganze anschließend zum Kochen bringen und 1 Minute sprudelnd kochen lassen.
3. Nach der Gelierprobe noch heiß in die vorbereiteten Gläser abfüllen und diese verschließen.

Minzgelee mit Apfel (Foto)

Zutaten
125 g frische Pfefferminze
375 ml Wasser
375 ml trockener Apfelwein
Saft von 1 Zitrone
2 große Äpfel, etwa 500 g
1 kg Gelierzucker

1. Die Minze gründlich abspülen, die Blätter abzupfen.
2. Das Wasser aufkochen und die Pfefferminze damit übergießen. 30 Minuten ziehen lassen.
3. Die Minze durch ein Sieb in einen großen Topf abgießen, den Apfelwein und den Zitronensaft hinzufügen.
4. Die Äpfel waschen, vierteln, entkernen und grob reiben. Mit dem Gelierzucker zu dem Saft geben.
5. Alles verrühren und zum Kochen bringen. 4 Minuten sprudelnd kochen lassen, dabei mit einer Schaumkelle den Schaum abheben.
6. Sofort nach der gelungenen Gelierprobe in die vorbereiteten Gläser abfüllen und diese verschließen.

Würzige Weinbrandrosinen

Zutaten
500 g Rosinen
50 g weißer Kandis
2 fingerlange Zimtstangen
4 Stücke Sternanis
1 Vanilleschote
etwa ½ Glas Weinbrand

1. Die Rosinen in heißem Wasser abspülen, auf einem Küchentuch ausbreiten und trockentupfen.
2. Mit dem Kandis, den Zimtstangen, dem Sternanis und der aufgeschlitzten Vanilleschote in ein Glas füllen.
3. Mit dem Weinbrand aufgießen, bis alles gut bedeckt ist.

Hinweis: Die Zutaten sind berechnet für 1 Glas à 1 l.

Rote Bete süßsauer

Zutaten
2 kg kleine rote Bete
30 g frischer Ingwer
375 g Zwiebeln
500 ml Weinessig
1 l Wasser
2 EL Salz
4 EL brauner Zucker

1 Die Roten Bete waschen, mit kaltem Wasser vollständig bedecken und 30 Minuten garen.
2 Mit kaltem Wasser abschrecken, dann unter fließendem Wasser schälen und würfeln.
3 Den Ingwer schälen und in feine Streifen schneiden, die Zwiebeln nach dem Schälen in Ringe schneiden.
4 Die Roten Bete, Ingwer und die Zwiebelringe abwechselnd in die vorbereiteten Gläser schichten.
5 Aus dem Essig, dem Wasser, Salz und Zucker einen Sud aufkochen und über die Roten Bete gießen.
6 Die Gläser verschließen und mindestens 2 Tage ziehen lassen.

Tipp: Die eingelegten Roten Bete halten sich in geschlossenen Gläsern etwa 3 Monate.

Eingelegte Champignons

Zutaten
1,5 kg frische Champignons
4 Zwiebeln
4 Ingwerstücke
Salz
1 EL Zucker
200 ml Essigessenz (25 %)
1¼ l Wasser
2–3 Stängel Estragon
Knoblauch nach Belieben

1 Die Champignons reinigen und nach dem Halbieren in die Gläser schichten.
2 Das Wasser mit der Essigessenz, dem Zucker, den aufgeschnittenen Zwiebeln, dem Knoblauch, den Gewürzen und dem Estragon aufkochen und noch heiß über die Champignons gießen.

Hinweis: Einkochzeit beträgt 90 Minuten bei 98 °C – das erhöht die Haltbarkeit.

April

Rhabarberkonfitüre mit Pistazien

Zutaten
1 kg Rhabarber
Saft einer Orange
1 kg Gelierzucker
100 g gehackte Pistazien

1. Den Rhabarber waschen (aber nicht abziehen) und dann in kleine Stückchen schneiden.
2. Mit Orangensaft und Gelierzucker vermischen und 3 bis 4 Stunden zugedeckt durchziehen lassen.
3. Dann unter Rühren zum Kochen bringen; 4 Minuten sprudelnd kochen lassen.
4. Jetzt die Pistazien hinzufügen.
5. Die Konfitüre heiß in Gläser füllen und sofort verschließen.

Erdbeerkonfitüre

Zutaten
1 kg Erdbeeren
2 Vanillestangen
25 g eingelegte grüne Pfefferkörner
Saft einer Zitrone
1 kg Gelierzucker

1. Die gewaschenen Erdbeeren von Blättchen und Stielen befreien, die Früchte in Stückchen schneiden.
2. Die Vanillestangen aufschlitzen, das Mark herausschaben. Pfefferkörner und Zitronensaft hinzufügen.
3. Alles gut mit Gelierzucker vermischen und 3 bis 4 Stunden zugedeckt gut durchziehen lassen. Dann unter Rühren zum Kochen bringen; 4 Minuten sprudelnd kochen lassen.
4. Die Konfitüre heiß in Gläser füllen und sofort verschließen.

Rhabarbermarmelade mit Ingwer

Zutaten
1 kg Rhabarber
1 kg Gelierzucker
5–6 kandierte Ingwerstücke

1. Den Rhabarber waschen, gründlich putzen und in etwa 4 cm lange Stücke schneiden.
2. Den Ingwer in sehr kleine Stücke schneiden und dann gut mit dem Rhabarber vermischen.
3. Alles mit dem Gelierzucker in einem Topf vermischen, abdecken und über Nacht stehen lassen.
4. Danach zum Kochen bringen und 4 Minuten kochen lassen.
5. Sofort in die vorbereiteten Gläser füllen und diese verschließen.

Erdbeer-Rhabarber-Konfitüre

Zutaten
500 g Erdbeeren
500 g Rhabarber
Saft von 1 Zitrone
1 kg Gelierzucker

1. Die Erdbeeren waschen, die Blütenblätter entfernen und mit einem Pürierstab oder mit einer Gabel zerkleinern.
2. Den Rhabarber waschen, in kleine Stücke schneiden und diese zu den Erdbeeren geben. Zitronensaft und Gelierzucker dazugeben und alles gut durchmischen.
3. Alles zum Kochen bringen und 4 Minuten sprudelnd kochen lassen.
4. In die vorbereiteten Gläser abfüllen, diese verschließen.

Hinweis: Die Zutaten sind berechnet für 3–4 Gläser à 0,5 l.

Erdbeerkonfitüre mit Grand Marnier (Foto)

Zutaten
1 kg Erdbeeren
1 kg Gelierzucker
1 Orange, unbehandelt
5 EL Grand Marnier (Orangenlikör)

1. Die gewaschenen Erdbeeren von Stielen und Blättchen befreien und gründlich zerdrücken.
2. Gelierzucker und die abgeriebene Schale der Orange hinzufügen und alles gut vermischen.
3. Unter Rühren zum Kochen bringen und 4 Minuten sprudelnd kochen lassen.
4. Grand Marnier hineingeben und unterrühren.
5. Die Konfitüre heiß in heiß ausgespülte Gläser füllen und sofort verschließen.

Rhabarber-Chutney

Zutaten
750 g Rhabarber
500 g Äpfel
400 brauner Zucker
10 EL Essigessenz (25 %)
250 ml Wasser
½ TL Ingwerpulver
1 Beutel Mandelstifte (40 g)
100 g Backpflaumen (Kurpflaumen)
100 g Rosinen
Cayennepfeffer
1 EL Senfkörner

1. Den geputzten und abgespülten Rhabarber in etwa 3 cm lange Stücke schneiden.
2. Die Äpfel schälen, vierteln, das Kerngehäuse entfernen, die Apfelstücke grob würfeln.
3. Den Rhabarber, die Apfelstücke, Zucker, Essigessenz und Wasser aufkochen lassen und 60 Minuten bei mittlerer Hitze zu einem dicken Brei kochen.
4. Ingwer, Mandelstifte, klein geschnittene Backpflaumen, Rosinen und die Senfkörner dazugeben.
5. Weitere 60 Minuten kochen lassen.
6. Kurz vor Ende der Garzeit mit Cayennepfeffer würzen.
7. In die vorbereiteten Gläser abfüllen und diese sofort verschließen.

Tipp: Vorsicht beim Würzen mit Cayennepfeffer! Dessen Schärfe kann man leicht unterschätzen. Also lieber zwischendurch probieren und behutsam nachwürzen, wenn nötig.

Zutaten
1 kg weißer Spargel
etwa 1 l Wasser

Spargel

1 Den Spargel schälen und die Enden entfernen.
2 Das Wasser leicht salzen, aufkochen und den Spargel 5 Minuten blanchieren. Anschließend sofort mit Eiswasser abschrecken und gut abtropfen lassen.
3 Die Spargelstangen nun mit den Köpfen nach oben in die vorbereiteten Gläser abfüllen.
4 Das Wasser aufkochen, die Gläser damit auffüllen und dann verschließen.

Hinweis: Für dieses Rezept empfehlen sich 2 Gläser à 1 l. Einkochzeit beträgt 90 Minuten bei 100 °C.

Tipp: Kochen Sie grünen Spargel ein, so wird dieser nur frisch angeschnitten; er muss nicht geschält werden.

Eingelegte Auberginen

Zutaten
1 kg Mini-Auberginen, etwa 6–8 cm lang
4 EL Öl
2 Zwiebeln
1 Lorbeerblatt
2 bis 3 Knoblauchzehen
1 EL Salz
6 EL Essigessenz (25 %)
20 Pfefferkörner
4 Zweige Thymian oder 1 TL getrockneter Thymian
150 g Zucker

1 Die Auberginen waschen, abtrocknen und der Länge nach halbieren; die Zwiebeln in Scheiben schneiden.
2 In eine Pfanne Öl geben, darin die Schnittflächen der Auberginen bräunen.
3 Für den Sud die Zwiebelscheiben, das Lorbeerblatt, die Knoblauchscheiben, Pfefferkörner, Thymian, Zucker, Essigessenz und Salz in 1 l Wasser aufkochen, etwa 5 Minuten kochen lassen, das restliche Öl zugeben.
4 Die Auberginen in einen Steintopf oder verschließbare Gläser füllen, mit dem Gewürzsud übergießen.
5 Das Behältnis verschließen und einen Tag stehen lassen. Dann den Sud abgießen und noch einmal aufkochen. Wieder über die Auberginen gießen und etwa 8 Tage kühl stellen.
6 Die Essigessenz eventuell noch einmal abschmecken.

Hinweis: Die Zutaten sind berechnet für einen großen Steintopf oder 3 Gläser à 0,75 l.

Eingelegte Zucchini mit Knoblauch (auch für Diabetiker)

Zutaten
500 g Zucchini
4 Knoblauchzehen
100 g Schalotten oder kleine Zwiebeln
1 Zweig Rosmarin
1 Zweig Thymian
500 ml Weinessig
500 ml Wasser
½ TL Pfefferkörner
1 TL Koriander
1 TL Fenchelsamen
70 g Fruchtzucker
1 EL Salz

1 Die Zucchini waschen, den Stielansatz und die Spitze entfernen und das Gemüse in ½ cm dicke Scheiben schneiden.
2 Die Knoblauchzehen und die Schalotten enthäuten, die Kräuter waschen und die groben Stängel entfernen.
3 Nun die Zucchinischeiben mit dem Knoblauch, den Zwiebeln und den Kräutern in die vorbereiteten Gläser einschichten.
4 Den Essig zusammen mit Wasser, Salz, Gewürzen und Fruchtzucker aufkochen, bis sich der Zucker vollkommen gelöst hat.
5 Den Sud über das Gemüse in die Gläser gießen, diese abdecken und 24 Stunden stehen lassen. Nun die Flüssigkeit abgießen, noch einmal aufkochen und wieder über das Gemüse gießen.
6 Die Gläser sofort verschließen.

Hinweis: 100 g enthalten durchschnittlich: Kohlenhydrate 12,4 g • Broteinheiten 1 • kcal/kJ 58/238.

Mai

Rhabarber-Orangen-Gelee

Zutaten
1,5 kg Rhabarber
250 ml Wasser
etwa 125 ml Roséwein
die Schale von 1 unbehandelten Orange
500 g Gelierzucker 2:1

1 Den Rhabarber waschen, in Stücke schneiden und in einen großen Topf geben.
2 Mit dem Wasser 3 bis 5 Minuten kochen lassen. Dann durch ein Safttuch pressen, den Saft auffangen.
3 Den Rhabarbersaft nun mit dem Roséwein zu 1 Liter Flüssigkeit auffüllen. Die dünn geschälte Orangenschale zufügen und den Gelierzucker einrühren.
4 Die Fruchtmasse unter ständigem Rühren zum Kochen bringen und 1 Minute sprudelnd kochen lassen.
5 Nach dem Abschäumen in die vorbereiteten Gläser abfüllen und diese sofort verschließen.

Hinweis: Die Zutaten sind berechnet für 3 Gläser à 0,5 l.

Weißweingelee für Feinschmecker (Foto links)

Zutaten
250 ml Weißburgunder
500 g Gelierzucker 2:1
10 Blätter Zitronenmelisse

1 Den Weißwein mit Gelierzucker vermischen und unter Rühren zum Kochen bringen.
2 Eine Minute sprudelnd kochen lassen. Die sehr fein gehackte Zitronenmelisse unterrühren.
3 Das Gelee heiß in Gläser füllen und sofort mit Twist-off-Deckeln verschließen.

Maracuja-Limetten-Gelee

Zutaten
500 ml frisch gepresster Limettensaft
500 ml Maracujanektar (als Fertigprodukt)
1 kg Gelierzucker

1 Den Limettensaft durch ein Mulltuch abseihen, mit dem Maracujasaft und dem Zucker unter Rühren zum Kochen bringen.
2 Einige Minuten unter ständigem Rühren sprudelnd kochen lassen.
3 Nach der Gelierprobe in die vorbereiteten Gläser abfüllen und diese fest verschließen.

Rotes Winzergelee (Foto rechts)

1 Den Rotwein mit den Gewürzen, den aufgeschnittenen Vanillestangen und Gelierzucker vermischen und aufkochen.
2 Das Gelee heiß in Gläser füllen und sofort mit Twist-off-Deckeln verschließen.

Zutaten
250 ml Rotwein
2 Zimtstangen
2 Gewürznelken
2 Vanillestangen
500 g Gelierzucker 2:1

Rhabarber-Chutney

1 Die Früchte waschen, Rhabarber in Stücke schneiden, Erdbeeren entstielen und vierteln, abgezogene Zwiebeln klein würfeln.
2 Die Zwiebeln schälen und in kleine Würfel schneiden, dann zu den Rhabarber- und Erdbeerstücken geben.
3 Alles zusammen mit Zucker, Essig und Gewürzen zum Kochen bringen; 1 bis 2 Stunden bei mittlerer Hitze einkochen lassen. Immer wieder umrühren.
4 Das Chutney heiß in Gläser füllen. Sofort verschließen.

Zutaten
500 g Rhabarber
200 g Erdbeeren
400 g Zwiebeln
800 g brauner Zucker
250 ml Weißweinessig
1 TL Salz
1 TL gemahlener Koriander
¼ TL Nelkenpulver

Pikantes Ebereschenbeeren-Chutney

1 Die gewaschenen Ebereschenbeeren für 24 Stunden in die Tiefkühltruhe legen (sie sind dann weniger bitter).
2 Mit einer Essiglösung (je zur Hälfte Essig und Wasser) übergießen und über Nacht stehen lassen. Danach auf ein Sieb schütten.
3 Geschälte Zwiebeln klein würfeln, Tomaten häuten und klein schneiden, Paprikaschoten entkernen und würfeln.
4 Alles zusammen mit dem Essig, den Sultaninen und Gewürzen zum Kochen bringen und anschließend etwa 1 Stunde bei mittlerer Hitze einkochen lassen.
5 Gelierzucker einrühren und unter Rühren zum Kochen bringen, 4 Minuten kochen lassen.
6 Heiß in Gläser füllen und sofort verschließen.

Tipp: Das Häuten der Tomaten geht am einfachsten, wenn man sie vorher kurz mit kochend heißem Wasser überbrüht.

Zutaten
70 g Ebereschenbeeren
300 g Zwiebeln
200 g Tomaten
2 rote Paprikaschoten
400 ml Rotweinessig
2 EL Sultaninen
1 TL Salz
1 TL Pfeffer
¼ TL Zimtpulver
1 Msp. Cayennepfeffer
500 g Gelierzucker

Rote Bete mit Meerrettich

Zutaten
1 kg frische Rote Bete
50 g frische geschälte Meerrettichwurzel
750 ml Weinessig
700 ml Wasser
1 EL Salz
2–3 EL Zucker, ½ TL gemahlener Kümmel
1 Messerspitze gemahlener Anis

1. Die roten Bete in der Schale weich kochen, schälen, halbieren und in Scheiben schneiden.
2. Den Meerrettich klein würfeln und zusammen mit dem Essig, dem Wasser, Salz, Zucker und den Gewürzen aufkochen.
3. Die Roten Bete und den Meerrettich abwechselnd in die Gläser schichten, den Sud darübergießen und die Gläser verschließen.

Tipp: Rote Bete zeigen sich an den Händen sehr farbbeständig. Wem das unangenehm ist, der sollte bei der Verarbeitung Gummihandschuhe tragen.

Junge Artischocken in Öl

Zutaten
1,5 kg Baby-Artischocken
3 Zitronen
0,7 l trockener Weißwein
100 ml Weißweinessig
1 EL Salz
4 Knoblauchzehen
1 Chilischote
1 Bund Basilikum
500 ml Olivenöl

1. Von den Babyartischocken etwa die Hälfte der Hüllblätter abziehen, bis der Rest sich hellgelb und weich zeigt. Die Stiele dann schälen und beschneiden, die obere Hälfte der Knospe abschneiden. Alle Schnittflächen mit einer halbierten Zitrone einreiben. Die jeweils geputzten Artischocken in Zitronenwasser legen.
2. Für den Sud den Weißwein mit ¼ Liter Wasser, dem Essig und dem Salz zum Kochen bringen.
3. Eine viertel Zitrone, die geschälten und halbierten Knoblauchzehen und die geputzte, halbierte und entkernte Chilischote dem Sud zufügen und alles 10 Minuten köcheln lassen.
4. Das Basilikum nach dem Waschen trockenschütteln, die groben Stiele entfernen, etwa die Hälfte dem Sud zugeben.
5. Die Artischocken dazulegen und alles bei geschlossenem Topf ca. 10 Minuten köcheln lassen.
6. Nun die Artischocken und die Knoblauchzehen aus dem Sud holen und auf einem Küchentuch gut abtropfen lassen.
7. Die restlichen Zitronen heiß waschen, gut abtrocknen, die Schale sehr dünn abschälen.
8. Nach dem Trocknen die Artischocken, den Knoblauch, die Zitronenschale und das restliche Basilikum in die vorbereiteten Gläser füllen. Mit Olivenöl aufgießen, dass das Gemüse gut bedeckt ist.
9. Die Gläser verschließen und 2 bis 3 Wochen durchziehen lassen.

Mango-Chutney

Zutaten
1 reife Mango
1 Stück Ingwerwurzel
1 grüne Paprika
1 kleine Zwiebel
1 Knoblauchzehe
1–2 EL Weinessig
1 EL Zitronensaft
1 Prise Salz
1 Prise Curry
50 g brauner Zucker

1 Die Mango schälen, das Fruchtfleisch von dem Kern lösen und in kleine Würfel schneiden.
2 Die geschälte Ingwerwurzel, die gewaschene Paprikaschote, die Zwiebel ebenfalls in kleine Stücke schneiden; die Knoblauchzehe fein hacken.
3 Alles in einem Topf mit dem Weinessig, Zitronensaft, den Gewürzen und dem braunen Zucker vermischen und einkochen lassen.
4 Noch heiß in die vorbereiteten Gläser abfüllen und diese sofort verschließen.

Zucchini-Zwiebel-Chutney (auch für Diabetiker geeignet)

Zutaten
750 g Zucchini
250 g Zwiebeln
1 EL Salz
250 g Äpfel
175 g Orangen, vorbereitet gewogen
125 ml Kräuteressig
100 g Fruchtzucker
1 TL Senfkörner
1 Messerspitze Zimt
1 Messerspitze Piment
½ TL Senfpulver
½ TL Fenchelsamen
Pfeffer aus der Mühle
1 TL abgeriebene Zitronenschale
1 Knoblauchzehe

1 Von der Zucchini nach dem Waschen die beiden Enden entfernen und die Zucchini in Scheiben schneiden.
2 Die Zwiebel schälen und würfeln. Zwiebeln und Zucchini salzen und über Nacht ziehen lassen. Am nächsten Tag in ein Sieb geben und kalt abspülen.
3 Die Äpfel vierteln, schälen, entkernen und achteln, die Orangen nach dem Schälen in kleine Stücke schneiden.
4 Nun den Essig erhitzen, darin den Fruchtzucker auflösen.
5 Das Gemüse, die Früchte, alle Gewürze und die zerdrückte Knoblauchzehe hinzufügen und 10 Minuten kochen lassen.
6 Das Chutney randvoll in die vorbereiteten Gläser abfüllen und diese sofort verschließen.

Hinweis: 100 g enthalten durchschnittlich: Kohlenhydrate 11,5 g • Broteinheiten 0,9 • kcal/kJ 55/226.

Stachelbeer Gelee
Schwarzer Johannisbeer Gelee

Juni

Rote Johannisbeer-Himbeer-Konfitüre

Zutaten
600 g Rote Johannisbeeren
400 g Himbeeren
1 kg Gelierzucker
2 Gläschen Himbeergeist
5 Blättchen Zitronenmelisse

1 Johannisbeeren waschen, entstielen und leicht zerdrücken, Himbeeren verlesen, möglichst nicht waschen.
2 Die Früchte mit Gelierzucker vermischen und unter Rühren zum Kochen bringen; 4 Minuten sprudelnd kochen lassen.
3 Den Himbeergeist und die fein geschnittene Zitronenmelisse unter die Masse rühren.
4 Die Konfitüre heiß in Gläser füllen und sofort verschließen.

Stachelbeer-Johannisbeer-Konfitüre mit Wacholder

Zutaten
750 g Stachelbeeren
250 g Rote Johannisbeeren
1 kg Gelierzucker
3 Gläschen Wacholderschnaps

1 Stachelbeeren waschen, von Stiel und Blüte befreien, Johannisbeeren waschen und entstielen. Die Früchte gut zerkleinern.
2 Gelierzucker hinzufügen und unter Rühren zum Kochen bringen. 4 Minuten sprudelnd kochen lassen.
3 Den Wacholderschnaps unterrühren.
4 Die Konfitüre heiß in Gläser füllen und sofort verschließen.

Stachelbeergelee gepfeffert

Zutaten
1 kg Stachelbeeren
250 ml Wasser
1 kg Gelierzucker
125 ml Weißwein
¼ TL Salz
¼ TL Pfeffer weiß, gemahlen
¼ TL Muskat, gemahlen

1 Die Stachelbeeren waschen und sie anschließend von Stiel und Blüte befreien. Die Früchte mit Wasser aufkochen lassen, anschließend durch ein Sieb streichen.
2 Das abgekühlte Mark mit Weißwein, Salz, Pfeffer und Muskat verrühren und unter Rühren zum Kochen bringen; 4 Minuten sprudelnd kochen lassen.
3 Heiß in Gläser füllen und diese sofort verschließen.

Schwarzes Johannisbeergelee pikant gewürzt

Zutaten
1,25 kg Schwarze Johannisbeeren
1 kg Gelierzucker
2 Vanillestangen
2 Zimtstangen
2 Lorbeerblätter

1 Die Johannisbeeren dampfentsaften oder mit wenig Wasser kochen, bis die Beeren platzen. Den Saft durch ein Tuch ablaufen lassen.
2 1 l kalten Saft mit Gelierzucker, dem Mark der Vanillestangen, mit Zimtstangen und Lorbeerblättern unter Rühren zum Kochen bringen; 4 Minuten sprudelnd kochen lassen. Zimtstangen und Lorbeerblätter entfernen.
3 Das Gelee heiß in Gläser füllen und sofort verschließen.

Erdbeerkonfitüre nach italienischer Art

Zutaten
500 g Erdbeeren
500 g Gelierzucker
5 cl Campari

1 Die Erdbeeren waschen, putzen und vierteln. Zusammen mit dem Gelierzucker in einen Topf geben und alles unter Rühren zum Kochen bringen. Etwa 4 Minuten sprudelnd kochen lassen. Am Ende den Campari hinzufügen.
2 Die Konfitüre aufkochen lassen und abschäumen.
3 Noch heiß in die vorbereiteten Gläser abfüllen, diese fest verschließen. Die Gläser einige Zeit auf dem Kopf stehen lassen, damit sich die Fruchtstücke gut verteilen.

Hinweis: Die Zutaten sind berechnet für 3 Gläser à 0,25 l.

Lindenblüten-Apfel-Gelee

Zutaten
150 bis 200 g frische Lindenblüten
750 ml Apfelsaft
1 kg Gelierzucker

1 Die Lindenblüten waschen, den Apfelsaft darübergießen und zugedeckt etwa 24 Stunden stehen lassen.
2 Am nächsten Tag den Saft durch ein Sieb gießen und mit dem Gelierzucker vermischen.
3 In einem Topf 4 Minuten sprudelnd kochen lassen, dann in die vorbereiteten Gläser abfüllen und diese verschließen.

Kohlrabi

Zutaten
15–30 zarte Kohlrabi
Wasser

1 Die Kohlrabi schälen, waschen und in Scheiben schneiden.
2 Das Gemüse in die vorbereiteten Gläser füllen und mit kaltem Wasser bedecken.
3 Die Gläser gut verschließen.

Hinweis: Die Zutaten sind berechnet für 4 Gläser à 1 l. Einkochzeit: 2 Stunden bei 98 °C. Handelt es sich um härtere Kohlrabi, muss das vorbereitete Gemüse vor dem Einfüllen in die Gläser für 3 Minuten in kochendem Wasser ziehen. Das abgetropfte und noch heiße Gemüse dann in die vorbereiteten Gläser geben, mit heißem Wasser auffüllen. Die Einkochzeit bleibt dieselbe.

Zutaten
250 g Erdbeeren
250 g Himbeeren
500 g Zucker
54%iger Rum
In den kommenden Monaten bis November:
500 g Sauerkirschen
500 g Schwarze Johannisbeeren
500 g Aprikosen
500 g Pfirsiche
500 g Pflaumen
500 g aromatische Birnen
250 g frische Ananaswürfel
250 g in Kugeln ausgestochene Honigmelonen

Früchtetopf im Juni (Foto S. 67)

1 Die Erdbeeren waschen und entstielen. Die Himbeeren nur gut verlesen, nicht waschen! Mit dem Zucker bestreuen und 1 Stunde ziehen lassen. Nun so viel Rum zugießen, dass die Früchte etwa 3 cm bedeckt sind.

2 Den Topf stets gut verschließen und zur Aufbewahrung an einen kühlen, dunklen Ort stellen.

3 **Juli:** Sauerkirschen nicht entsteinen, Stiele entfernen, Schwarze Johannisbeeren von den Stielchen abzupfen. Die Früchte jeweils mit 500 g Zucker vermischen. So viel Rum aufgießen, dass die Früchte bedeckt sind.

4 **August:** Aprikosen, Pfirsiche, Pflaumen waschen. Aprikosen und Pfirsiche enthäuten, entsteinen, halbieren und vierteln. Pflaumen und Reineclauden nach dem Entsteinen halbieren. Je Frucht mit 250 g Zucker bestreuen und natürlich genügend Rum nachgießen.

5 **September:** Aromatische Birnen geschält, in Spalten geschnitten, vom Kerngehäuse befreit, mit 250 g Zucker und genügend Rum in den Topf füllen.

6 **Oktober:** Als fruchtigen Abschluss frische Ananaswürfel und in Kugeln ausgestochene Honigmelonen mit je 250 g Zucker und entsprechender Menge Rum einfüllen.

7 **November:** Vier Wochen nach der letzten Fruchtzugabe noch einmal Rum zugießen.

Hinweis: Die Zutaten sind berechnet für einen Rumtopf von 5 l.
Wer auch im Winter Früchte genießen möchte, kann bereits im Juni mit dem Ansetzen eines Früchtetopfs beginnen. Nach alter Tradition wird er zum ersten Mal am ersten Adventsonntag genossen.
Immer nur beste Früchte verwenden. Das Gefäß vor dem Füllen sorgfältig reinigen. Nur mit 54%igem Rum aufgießen. Den Topf immer wieder gut verschließen und an einem kühlen und dunklen Ort aufbewahren. Hin und wieder mit einem sauberen Löffel vorsichtig umrühren.

Juli

Mirabellenkonfitüre mit Rosmarin

Zutaten
1 kg Mirabellen
Saft einer Orange
3 EL Sherry, medium
1 Zweig frischer Rosmarin
1 kg Gelierzucker

1. Die Mirabellen waschen, entsteinen und die Früchte in sehr kleine Stücke schneiden.
2. Orangensaft, Sherry und Rosmarin hinzufügen.
3. Mit Gelierzucker vermischen und unter Rühren zum Kochen bringen; 4 Minuten sprudelnd kochen lassen.
4. Den Rosmarinzweig entfernen. Die Konfitüre heiß in Gläser füllen und sofort verschließen.

Tipp: Passt hervorragend als Beilage zu Wildgerichten.

Pfirsich
Zitronenmelisse
+ Orangensaft

Pfirsichkonfitüre mit Zitronenmelisse und Orangensaft (Foto)

Zutaten
1 kg Pfirsiche, vorbereitet gewogen
Saft von zwei Orangen
10 Blätter Zitronenmelisse
500 g Gelierzucker 2:1

1. Die Pfirsiche kurz in kochendes Wasser legen, dann mit einem Messer behutsam die Haut abziehen.
2. Das Fruchtfleisch in kleine Stückchen schneiden. Mit Orangensaft und klein gehackter Zitronenmelisse vermischen.
3. Den Gelierzucker hinzufügen und unter Rühren zum Kochen bringen; 3 Minuten sprudelnd kochen lassen. Heiß in Gläser füllen und sofort verschließen.

Sauerkirschenkonfitüre mit Amaretto und Vanille

Zutaten
1 kg Sauerkirschen, entsteint gewogen
3 Vanillestangen
500 g Gelierzucker 2:1
2 Gläschen Amaretto

1. Die Hälfte der Sauerkirschen in einem Mixer oder mit einem Pürierstab gut zerkleinern.
2. Das Fruchtmus mit den restlichen Kirschen, dem Mark der Vanillestangen und dem Gelierzucker vermischen und unter Rühren zum Kochen bringen; 3 Minuten sprudelnd kochen lassen.
3. Den Amaretto hinzufügen, die Konfitüre heiß in Gläser füllen und sofort verschließen.

Heidelbeerkonfitüre mit Koriander

Zutaten
1 kg Heidelbeeren
Saft einer Zitrone
¼ TL gemahlener Koriander
1 kg Gelierzucker

1. Die gewaschenen Heidelbeeren leicht zerdrücken. Mit Zitronensaft, Koriander und Gelierzucker vermischen und zugedeckt 3 bis 4 Stunden durchziehen lassen.
2. Dann unter Rühren zum Kochen bringen und 4 Minuten sprudelnd kochen lassen.
3. Heiß in Gläser füllen und sofort verschließen.

Brombeerkonfitüre mit Zimt und Nelken (Foto oben)

Zutaten
500 g Brombeeren
250 g Gelierzucker 2:1
1 Msp. Nelkenpulver
2 Msp. Zimtpulver
1 EL Zitronensaft

1 Die Brombeeren verlesen, vorsichtig waschen, abtropfen lassen und mit Gelierzucker, den Gewürzen und Zitronensaft gut vermischen.
2 In eine hohe Glasschüssel füllen und abdecken.
3 In der Mikrowelle 5 Minuten bei 180 Watt erhitzen, dann einmal gründlich durchrühren, wieder abdecken und weitere 6 Minuten bei 600 Watt garen.
4 Die Konfitüre heiß in Gläser füllen und sofort mit Twist-off-Deckeln verschließen.

Sauerkirschenkonfitüre mit Walnüssen (Foto unten)

Zutaten
1 kg Sauerkirschen
1 kg Gelierzucker
100 g gehackte Walnüsse
2 Gläschen Kirschwasser

1 Die Sauerkirschen waschen, entstielen und entsteinen. Die Früchte gut zerkleinern (z.B. mit dem Pürierstab) und anschließend mit Gelierzucker vermischen.
2 Nun die Masse unter Rühren zum Kochen bringen, 4 Minuten sprudelnd kochen lassen. Dann die Walnüsse und das Kirschwasser unterrühren.
3 Die Konfitüre heiß in Gläser füllen und sofort verschließen.

Tipp: Passt hervorragend als Beilage zu Wildgerichten.

Rotweinbirnen

Zutaten
2,5 kg feste reife Birnen
750 ml Rotwein
250 ml Wasser
250–300 g Zucker
1 naturbelassene Zitrone
1–2 Zimtstangen
12 Gewürznelken

1 Den Rotwein, das Wasser, Zucker, die Zitronenschale und den -saft zusammen mit den Gewürzen zum Kochen bringen.
2 Die Birnen von den Kerngehäusen befreien, schälen, im Ganzen verwenden oder in Stücke schneiden.
3 In dem Rotweinsud 4 bis 5 Minuten kochen lassen.
4 Die Früchte dann in die Gläser verteilen, mit dem Sud auffüllen und sofort verschließen.

Hinweis: Die Zutaten sind berechnet für 5 Gläser à 0,5 l. Einkochzeit: 25 Minuten bei 75 °C.

Gewürzte Stachelbeeren

Zutaten
1 kg Stachelbeeren
250 g brauner Zucker
1 l Weinessig
2 Knoblauchzehen
340 g Rosinen
1 EL scharfer Senf
1 Messerspitze Cayennepfeffer

1. Die Stachelbeeren waschen und mit einer Gabel einstechen. ½ Liter Essig mit dem Zucker zum Kochen bringen, die Beeren hinzufügen und so lange kochen, bis die Früchte platzen.
2. Die zerdrückten Knoblauchzehen, Rosinen, Senf und Cayennepfeffer zugeben und alles noch einmal kurz aufkochen.
3. Den restlichen Essig zugießen und die Beeren mitsamt der Flüssigkeit in die vorbereiteten Gläser füllen.
4. Diese sofort verschließen und 6 Monate ruhen lassen.

Karotten

Zutaten
3,5–4 kg Karotten
Wasser

1. Die Karotten waschen und schaben. Kleine Karotten ganz lassen, größere in Scheiben, Stifte oder Würfel schneiden.
2. In Gläser füllen und mit kaltem Wasser übergießen.
3. Die Gläser gut verschließen.

Hinweis: Einkochzeit beträgt 90 Minuten bei 98 °C.

Zutaten
7–9 kg Erbsen mit den Hülsen
Wasser

Erbsen

1 Die Erbsen aus den Hülsen schälen und waschen.
2 Bis knapp 3 cm unter den Rand in die vorbereiteten Gläser füllen.
3 Mit kaltem Wasser übergießen und die Gläser gut verschließen.

Hinweis: Einkochzeit 90 Minuten bei 98 °C. Nach einem Tag noch einmal bei 98 °C einkochen, diesmal 1 Stunde lang.

Zutaten
3 kg Brokkoli
Salzwasser
Muskatnuss

Brokkoli

1 Den Brokkoli putzen, waschen und in Stücke teilen.
2 In kochendem Salzwasser etwa 3 Minuten köcheln lassen.
3 Nach dem Abtropfen in die vorbereiteten Gläser füllen.
4 Das heiße Salzwasser mit der Muskatnuss würzen und über den Brokkoli gießen.
5 Die Gläser gut verschließen.

Hinweis: Einkochzeit beträgt 1 Stunde bei 98 °C.

Zutaten
8–12 große Sellerieknollen
Salz-Essig-Wasser (auf 1 l Wasser 1 TL Salz und 2–3 EL Essig)

Sellerie

1 Die Knollen gründlich unter fließend kaltem Wasser waschen und bürsten und mit der Schale in dem kochenden Wasser gar kochen.
2 Dann die Knollen herausnehmen, mit kaltem Wasser abschrecken, abziehen und in Scheiben schneiden.
3 Selleriescheiben in die vorbereiteten Gläser füllen.
4 Den Sellerie mit heißem Wasser übergießen und anschließend die Gläser fest verschließen.

Hinweis: Einkochzeit beträgt 1 Stunde bei 98 °C.

August

Zwetschgenkonfitüre mit Grapefruits (Foto unten)

1 Die Zwetschgen waschen, entsteinen und in Streifen schneiden.
2 Die Schale der Grapefruits dick abschälen, die weiße Haut entfernen. Das Fruchtfleisch (250 g) klein schneiden.
3 Alles mit Gelierzucker vermischen und unter Rühren zum Kochen bringen; 4 Minuten sprudelnd kochen lassen.
4 Das Zwetschgenwasser unterrühren.
5 Die Konfitüre heiß in Gläser füllen und diese sofort verschließen.

Zutaten
750 g Zwetschgen, entsteint gewogen
2–3 rosa Grapefruits
1 kg Gelierzucker
2 Gläschen Zwetschgenwasser

Aprikosen-Honigmelonen-Konfitüre

1 Die gewaschenen und entsteinten Aprikosen und das Fruchtfleisch der Honigmelone in kleine Würfel schneiden.
2 Mit Gelierzucker und Zitronensaft vermischen und unter Rühren zum Kochen bringen; 3 Minuten sprudelnd kochen lassen.
3 Den Aprikosenlikör unterrühren.
4 Heiß in Gläser füllen und sofort verschließen.

Zutaten
700 g Aprikosen, entsteint gewogen
300 g Honigmelone, nur ausgelöstes Fruchtfleisch, 500 g Gelierzucker 2:1, Saft einer Zitrone, 2 Gläschen Aprikosenlikör

Brombeer
"Lorbeer"
Brombeer-Birnen
"Thymian"

Brombeerkonfitüre mit Lorbeer (Foto links)

Zutaten
500 g Brombeeren
250 g Gelierzucker 2:1
Saft einer halben Zitrone
3 Lorbeerblätter

1 Die Brombeeren verlesen, vorsichtig waschen, abtropfen lassen und gut zerdrücken.
2 Mit Gelierzucker, Zitronensaft und den Lorbeerblättern vermischen.
3 Die Masse unter Rühren zum Kochen bringen; dann 3 Minuten sprudelnd kochen lassen.
4 Die Konfitüre mit den Lorbeerblättern heiß in Gläser füllen und diese sofort mit Twist-off-Deckeln verschließen.

Tipp: Passt hervorragend als Beilage zu Wildgerichten.

Brombeer-Birnen-Konfitüre mit Thymian (Foto rechts)

Zutaten
600 g Brombeeren
400 g Birnen, vorbereitet gewogen
500 g Gelierzucker 2:1
Saft einer Zitrone
3 Zweige frischer Thymian

1 Die Brombeeren verlesen, vorsichtig waschen, abtropfen lassen. Die Birnen in kleine Stückchen schneiden.
2 Die Fruchtmasse mit Gelierzucker, Zitronensaft und den Thymianzweigen gut vermischen und zugedeckt 3 bis 4 Stunden durchziehen lassen.
3 Dann unter Rühren zum Kochen bringen; 3 Minuten sprudelnd kochen lassen. Thymianzweige entfernen.
4 Die Konfitüre heiß in Gläser füllen und sofort mit Twist-off-Deckeln verschließen.

Birnen und Zwetschgen in Rotwein

Zutaten
500 g Birnen, geschält und entkernt gewogen
500 g entsteinte Zwetschgen
250 ml Rotwein
100 ml Rotweinessig
125 g Kandiszucker
1 Stückchen Zimtstange
3 Nelken
½ Vanilleschote
100 g Rosinen

1 Aus dem Rotwein, dem Rotweinessig, Kandiszucker, Zimt, Nelken und der Vanilleschote einen Sud kochen.
2 Die Birnen in Spalten schneiden und zusammen mit den Zwetschgen in dem Sud 3 Minuten köcheln lassen.
3 Anschließend in die vorbereiteten Gläser abfüllen, die Rosinen dazwischen streuen.
4 Den Sud aufgießen und die Gläser fest verschließen.

Schwarze Johannisbeerkonfitüre mit Portwein und Cassis

Zutaten
1 kg Schwarze Johannisbeeren
1 kg Gelierzucker
80 ml Portwein
1 Gläschen Cassis (Johannisbeerlikör)

1 Die Johannisbeeren gründlich waschen und entstielen. Mit Gelierzucker und Portwein gut vermischen. Das Ganze 3 bis 4 Stunden zugedeckt durchziehen lassen.
2 Dann unter Rühren zum Kochen bringen und 4 Minuten sprudelnd kochen lassen.
3 Den Likör unterrühren.
4 Die Konfitüre in Gläser füllen und sofort verschließen.

Süßkirschenkonfitüre mit Whisky

Zutaten
1 kg Süßkirschen
1 kg Gelierzucker
2 Vanillestangen
2 Gläschen Whisky

1 Die Kirschen waschen, entstielen und entsteinen. Etwa die Hälfte der Früchte gut zerkleinern. Mit Gelierzucker und dem Mark der Vanillestangen verrühren und sorgfältig zugedeckt 3 bis 4 Stunden ziehen lassen.
2 Dann unter Rühren zum Kochen bringen und 4 Minuten sprudelnd kochen lassen.
3 Den Whisky unterrühren.
4 Die Konfitüre heiß in Gläser füllen und sofort verschließen.

Süßkirschenkonfitüre mit Rotwein (Foto rechts)

Zutaten
875 g Süßkirschen, entsteint gewogen
500 g Gelierzucker 2:1
125 ml Rotwein
4 Zimtstangen
1 Lorbeerblatt
2 Gewürznelken
Saft einer Zitrone

1 Die Kirschen gut zerkleinern. Mit Gelierzucker, Rotwein, den Gewürzen und Zitronensaft vermischen und unter Rühren zum Kochen bringen; 3 Minuten sprudelnd kochen lassen.
2 Die Zimtstangen und Gewürznelken entfernen.
3 Die Konfitüre heiß in Gläser füllen und diese sofort verschließen.

Süßsaure Zwetschgen

Zutaten
2 kg feste Zwetschgen
1 kg Zucker
1 TL Salz
einige Nelken
etwas Stangenzimt
150 ml Essigessenz (25 %)
1 l Wasser

1. Zwetschgen waschen und mehrmals mit einer Gabel einstechen.
2. Das Wasser mit der Essigessenz aufkochen, abschäumen und darin die Früchte etwa 2 Minuten ziehen lassen.
3. Zusammen mit der Flüssigkeit in die vorbereiteten Gläser abfüllen.
4. Nach etwa 3 bis 4 Tagen die Flüssigkeit noch einmal aufkochen und den dann eingedickten Essigsud abgekühlt wieder über die Zwetschgen gießen; sie müssen gut bedeckt sein.
5. Die Gläser gut verschließen und anschließend kühl lagern.

Rote Johannisbeerkonfitüre mit Campari

Zutaten
1 kg Rote Johannisbeeren
1 kg Gelierzucker
100 ml Campari

1. Die gewaschenen Johannisbeeren entstielen. Die Früchte leicht zerdrücken und mit Gelierzucker vermischt 3 bis 4 Stunden zugedeckt durchziehen lassen.
2. Dann unter Rühren zum Kochen bringen; 4 Minuten sprudelnd kochen lassen.
3. Den Campari einrühren, kurz aufkochen lassen.
4. Die Konfitüre heiß in Gläser füllen und diese sofort verschließen.

Zutaten
5 kg rote Bete
40 g Salz
3 EL Anissamen und Senfkörner
einige Lorbeerblätter
250 ml Molke
Rote-Bete-Blätter

Rote Bete milchsauer

1 Die Roten Bete gründlich waschen, fein hobeln oder in feine Streifen schneiden und etwa 10 cm hoch in das Gärgefäß schichten.
2 Das Ganze einstampfen, bis sich reichlich Saft gebildet hat. Das Salz und die Gewürze hinzufügen.
3 Diesen Vorgang wiederholen, bis das Gefäß bis etwa drei Viertel gefüllt ist. Die Molke aufgießen.
4 Nun die Rote-Bete-Blätter und den Deckel darauf legen und, zum Beispiel mit einem Stein, beschweren.
5 Das Ganze einige Tage bei Zimmertemperatur ziehen lassen. Hat sich nach dieser Zeit noch nicht genügend Saft gebildet, dann mit abgekochtem Salzwasser aufgießen (15 g auf 1 Liter Wasser), denn die Roten Bete müssen immer vollständig mit Flüssigkeit bedeckt sein.
6 Das Gärgefäß immer gut verschließen und an einem kühlen Platz lagern. Nach etwa 4 Wochen sind die Roten Bete fertig zum Genießen.

Zutaten
250 g rote und grüne Paprikaschoten
250 g Tomaten
125 g Zwiebeln
250 g Zucker
Salz
Ingwerpulver
Cayennepfeffer
Nelkenpulver
Paprika edelsüß
etwa 10 Pfefferkörner
125 ml Rotweinessig
1 Päckchen Einmachhilfe

Paprika-Tomaten-Relish

1 Paprikaschoten halbieren, entkernen, die weißen Scheidewände entfernen und die Schoten waschen.
2 Tomaten für kurze Zeit in kochendes Wasser legen, enthäuten, Stängelansätze entfernen.
3 Zwiebeln enthäuten und grob zerkleinern, ebenso die Paprika und die Tomaten.
4 Alles zusammen mit dem Zucker, Salz, Ingwerpulver, Cayennepfeffer, Nelkenpulver, edelsüßem Paprika, den Pfefferkörnern und dem Rotweinessig für 30 bis 45 Minuten dünsten.
5 Im Mixer anschließend portionsweise pürieren und hinterher die Einmachhilfe unterrühren.
6 Das Relish nun in die vorbereiteten Gläser abfüllen und diese nach dem Erkalten verschließen.

Tipp: Sie können das Relish auch heiß in die vorbereiteten Gläser abfüllen, diese dann sofort verschließen und mindestens 5 Minuten auf dem Deckel umgedreht stehen lassen.

Tomaten süßsauer (Foto)

1 Die Tomaten entstielen, waschen, mit einer Gabel mehrmals einstechen, salzen und so 2 Tage kühl in einem Steintopf ziehen lassen.
2 Nun das Gemüse abtropfen lassen und mit den Zwiebelscheiben und den Selleriewürfeln in den Steintopf einschichten.
3 Das Wasser und die Essigessenz zusammen mit den Gewürzen, den Kräutern und dem Zucker aufkochen und nach dem Abkühlen noch lauwarm über die Tomaten gießen.
4 Nach etwa 4 bis 6 Tagen den Essigsud noch einmal aufkochen, dann aber erst nach dem Abkühlen über die Tomaten geben.
5 Nach dem Verschließen kalt stellen und bald aufbrauchen.

Zutaten
2 kg kleine und feste Tomaten
2 bis 3 Zwiebeln
1 Stück Sellerie
125 g Zucker
Salz
200 ml Essigessenz (25 %)
1 l Wasser
2 EL Einmachgewürz
1 Bund Würzkräuter

Zutaten
1–2 kg feste kleine Pfifferlinge
1 Lorbeerblatt
1 Bund Kräuter
1 Zwiebel
1 TL Zucker
200 ml Essigessenz (25 %)
1250 ml Wasser
Salz
1 EL Einmachgewürz

Feinschmecker-Pfifferlinge

1 Die Pfifferlinge putzen, waschen und in kochendem Salzwasser einmal kurz aufwallen lassen. Die Zwiebel in Scheiben schneiden.

2 Nach dem Herausnehmen abtropfen lassen und mit den Zwiebelscheiben und den Kräutern in die Gläser schichten.

3 Aus der Essigessenz, dem Wasser, Salz, Zucker, dem Einmachgewürz und dem Lorbeerblatt einen Sud aufkochen, diesen nach dem Erkalten über die Pfifferlinge gießen.

4 Nach 8 Tagen den Sud noch einmal aufkochen, diesmal heiß über die Pfifferlinge gießen.

5 Die Gläser wieder gut verschließen.

Zuckergurken (Foto)

Zutaten
2,5 kg feste Schmorgurken
1 l Weinessig
Wasser
800 g Zucker
50 g Salz
12 Gewürznelken
2 Stangen Zimt
200 g weißer Kandis
nach Geschmack Dill und Senfsaat

1 Die Gurken waschen, schälen, der Länge nach halbieren und die Kerne entfernen. In dicke Scheiben oder Stücke schneiden.
2 In einem Topf 2 l Wasser mit ½ l Essig aufkochen, die Gurkenstücke 2 bis 3 Minuten blanchieren, in einem Sieb abtropfen lassen.
3 Nun ¾ l Wasser mit dem restlichen Essig, Zucker, Salz und den Gewürzen aufkochen und anschließend die Gurkenstücke darin 5 Minuten glasig kochen.
4 Zusammen mit den Gewürzen und den Kandisstückchen in die Gläser füllen. Nach Geschmack den Dill und die Senfsaat mit in die Gläser schichten.
5 Mit dem Essigsud übergießen und die Gläser verschließen.

Hinweis: Einkochzeit beträgt 30 Minuten bei 80 °C. Die Zutaten ergeben 4 bis 5 Gläser mit etwa ½ l Inhalt.

Senfgurken

Zutaten
5 kg große und feste Gurken, vorbereitet gewogen
200 g Salz
250 g kleine Zwiebeln
1–2 Stangen Meerrettich
10 Pimentkörner
15 schwarze und weiße Pfefferkörner
2 Lorbeerblätter
100 g gelbe Senfkörner
1¼ l Weinessig (5%ig)
1 l Wasser
600 g Zucker
1 Päckchen Einmachhilfe

1 Die Gurken schälen, halbieren, entkernen und in große Würfel schneiden. Die Gurkenwürfel großzügig mit Salz bestreuen.
2 Nach dem Einsalzen 24 Stunden ziehen lassen, abtropfen lassen, trockentupfen.
3 Die Zwiebeln schälen, den Meerrettich in große Stücke schneiden.
4 Die Gurken, die geschälten Zwiebeln, Meerrettichstücke und Gewürze in einen vorbereiteten Steintopf oder in Gläser einschichten.
5 Den Essig und das Wasser zusammen mit dem Zucker aufkochen, von der Kochstelle nehmen und die Einmachhilfe unterrühren. Das Ganze heiß über die Gurken gießen, nach dem Erkalten die Gläser verschließen.
6 Kühl stellen und ca. 4 Wochen ruhen lassen.

September

Holunderbeerenkonfitüre mit Birnen und Zwetschgen

Zutaten
700 g Holunderbeeren
150 g Birnen
150 g Zwetschgen
500 g Gelierzucker 2:1
2 EL Zitronensaft

1 Die gewaschenen Holunderbeeren abzupfen, die geschälten und entkernten Birnen in kleine Würfel schneiden, die Zwetschgen entsteinen und die Früchte klein schneiden.
2 Die Fruchtmasse mit Gelierzucker und Zitronensaft vermischen und zugedeckt 3 bis 4 Stunden durchziehen lassen.
3 Dann unter Rühren zum Kochen bringen, 3 Minuten sprudelnd durchkochen lassen.
4 Heiß in Gläser füllen und diese sofort verschließen.

Holunderbeerengelee mit Zimt und Kardamom

Zutaten
1,2 kg Holunderbeeren, entstielt gewogen
125 ml Wasser
1 kg Gelierzucker
¼ TL Zimtpulver
¼ TL Kardamompulver
Saft von 2 Zitronen

1 Die Holunderbeeren waschen und entstielen. Im Wasser weich kochen und durch ein Haarsieb passieren.
2 1 kg Fruchtmark mit Gelierzucker, den Gewürzen und Zitronensaft vermischen und unter Rühren zum Kochen bringen; 4 Minuten sprudelnd durchkochen lassen.
3 Heiß in Gläser füllen und diese sofort verschließen.

Hagebutten-Apfel-Konfitüre (Foto S. 86 unten)

Zutaten
800 g Hagebutten
500 g Äpfel, vorbereitet gewogen
250 ml Wasser
1 Orange, unbehandelt
500 g Gelierzucker 2:1

1 Von den gewaschenen Hagebutten Stiel und Blüte entfernen. Die Früchte halbieren, die Kerne entfernen, nochmals waschen.
2 Im Wasser zugedeckt etwa 20 Minuten weich kochen.
3 Die Hagebutten sorgfältig durch ein Sieb streichen. 500 g von dem entstehenden Fruchtmark abwiegen.
4 Die geschälten und entkernten Äpfel in kleine Würfel schneiden. Die Fruchtmasse mit dem Saft, der abgeriebenen Schale der Orange und Gelierzucker vermischen.
5 Unter Rühren zum Kochen bringen, 3 Minuten sprudelnd durchkochen lassen.
6 Heiß in Gläser füllen und sofort mit Twist-off-Deckeln verschließen.

Zutaten
1 kg Hagebutten
250 ml Wasser
300 ml frisch gepresster Orangensaft
500 g Gelierzucker 2:1

Hagebutten-Orangen-Konfitüre (Foto unten)

1 Von den gewaschenen Hagebutten Stiel und Blüte entfernen.
2 Die so vorbereiteten Früchte halbieren, die Kerne entfernen und die Früchte nochmals waschen.
3 Mit Wasser zugedeckt etwa 20 Minuten weich kochen.
4 Die Hagebutten durch ein Sieb passieren, 700 g abwiegen.
5 Das Mark mit Orangensaft und Gelierzucker vermischen und unter Rühren zum Kochen bringen; 3 Minuten sprudelnd kochen lassen.
6 Heiß in Gläser füllen und sofort mit Twist-off-Deckeln verschließen.

Preiselbeeren süßsauer

Zutaten
1,5 kg Preiselbeeren
2 Gewürznelken
5 schwarze Pfefferkörner
1 Lorbeerblatt
1 kleines Stück Ingwer
250 ml Rotwein
200 ml milder Weinessig
500 g Zucker

1 Die Preiselbeeren gut verlesen, in einem Sieb kurz abspülen und gut abtropfen lassen.
2 Ein Mullsäckchen mit den Nelken, Pfefferkörnern, dem Lorbeerblatt und dem Ingwer füllen.
3 Das Wasser zusammen mit dem Rotwein und dem Weinessig in einem Topf zum Kochen bringen, den Zucker und das Gewürzsäckchen hinzufügen. Nun die Preiselbeeren portionsweise bei kleiner Hitze in dem Sud kochen, bis sie platzen.
4 Die Preiselbeeren herausnehmen und in die vorbereiteten Gläser oder einen Steinguttopf füllen. Am Ende den Sud über die Beeren verteilen. Während des Erkaltens gelegentlich umrühren. Zugedeckt über Nacht ruhen lassen.
5 Nun den Saft wieder in einen Topf abgießen, 10 Minuten kochen lassen und abkühlen lassen.
6 Die Preiselbeeren in die vorbereiteten sauberen Gläser verteilen, den kalten Saft darübergießen und die Gläser gut verschließen.

Tipp: Süßsaure Preiselbeeren eignen sich besonders zu gekochtem Rindfleisch und zu Wildgerichten.

Feigen süßsauer in Portwein

Zutaten
2 kg feste, reife blaue Feigen
500 ml Weinessig
500 ml Portwein
250 g Zucker
6 Nelken
1 Stange Zimt

1 Die Feigen nach dem Waschen gut trocknen und der Länge nach halbieren.
2 Die Hälften in die vorbereiteten Gläser schichten.
3 Den Weinessig mit dem Portwein, dem Zucker und den Gewürzen kurz aufkochen, 10 Minuten köcheln lassen, dann abseihen.
4 Den noch heißen Sud über die Feigen gießen, die Früchte sollten gut bedeckt sein.
5 Die Gläser fest verschließen und die Feigen vor Verzehr mindestens 4 Wochen ziehen lassen.

Tipp: Die Feigen süßsauer eignen sich als Beilage zu Wildgerichten, Braten und auch kalten Platten.

Zutaten
1 kg Äpfel
50 g Ingwerwurzel
250 g Zucker
50 g gemahlene Mandeln
1 TL Senfpulver
1 TL Salz
125 ml Weinessig
2 bis 3 frische Feigen
1 Päckchen Einmachhilfe

Apfel-Feigen-Chutney

1 Die Äpfel schälen, vierteln und nach dem Entkernen würfeln. Die Ingwerwurzel schälen und in Stücke schneiden.

2 Beides mit dem Zucker, den gemahlenen Mandeln, Senfpulver, Salz und dem Weinessig etwa 30 Minuten dünsten lassen.

3 Die geschnittenen Feigen zufügen und weitere 15 Minuten dünsten.

4 Mit Salz, Zucker und Senfpulver abschmecken und die Einmachhilfe unterrühren.

5 Das Chutney in die vorbereiteten Gläser füllen und diese nach dem Erkalten verschließen.

Gurkenpickles mit Zwiebeln

1 Die geschälten Gurken der Länge nach durchschneiden, die Kerne mit einem Löffel herausschaben.
2 Anschließend die Gurken in etwa 1 cm breite Stücke schneiden und die Schalotten schälen.
3 Essig, Weißwein und die Gewürze 10 Minuten kochen lassen. Die Schalotten hinzufügen und 5 bis 8 Minuten kochen lassen.
4 Dann den Gelierzucker und die Gurkenstücke unterrühren und alles weitere 3 bis 5 Minuten kochen lassen.
5 Heiß in Gläser füllen und sofort verschließen.

Tipp: Achten Sie beim Einkauf darauf, dass die Gurken sich an den Enden fest anfühlen und eine straffe, dunkelgrüne Schale haben. Überreife Gurken können bitter schmecken.

Zutaten
700 g Salatgurken
300 g Schalotten oder Perlzwiebeln
250 ml Weißweinessig
250 ml Weißwein
5 Gewürznelken
5 Lorbeerblätter
1 EL weiße Pfefferkörner
5 Wacholderbeeren
2 Zimtstangen
500 g Gelierzucker

Karotten-Chutney (Foto)

1 Die geputzten Karotten auf einer Reibe fein raspeln, die Zwiebel schälen und klein schneiden.
2 Die Karottenraspeln und Zwiebelstücke mit den Gewürzen, der abgeriebenen Orangenschale, Rosinen und Essig vermischen und zugedeckt über Nacht durchziehen lassen.
3 Am nächsten Tag die Masse unter Rühren zum Kochen bringen und bei mittlerer Hitze 40 bis 45 Minuten kochen lassen, gelegentlich umrühren.
4 Den Gelierzucker und die Walnüsse hinzufügen und weitere 10 Minuten kochen lassen.
5 Das Chutney heiß in Gläser füllen. Sofort verschließen.

Tipp: Für 1 TL geriebenen Ingwer benötigen Sie etwa 3 cm Ingwerwurzel.

Zutaten
500 g Karotten
1 Zwiebel
15 g gemahlener Koriander
2 TL Salz
1 TL Pfeffer
1 TL Currypulver
1 TL frischer Ingwer, gerieben
1 Orange, unbehandelt
50 g Rosinen
250 ml Weißweinessig
350 g Gelierzucker 2:1
40 g gehackte Walnüsse

Oktober

Hagebuttenmus

Zutaten
1,5 kg Hagebutten
250 ml Wasser
3 Pck. Vanillezucker
2 Msp. Zimtpulver
1 kg Gelierzucker

1 Von den gewaschenen Hagebutten Stiel und Blüte entfernen. Die Früchte halbieren, die Kerne entfernen, nochmals waschen.
2 Mit Wasser zugedeckt etwa 20 Minuten weich kochen.
3 Die Hagebutten durch ein feines Sieb streichen. 1 kg Fruchtmark mit Vanillezucker, Zimtpulver und Gelierzucker vermischen und unter Rühren zum Kochen bringen; 4 Minuten sprudelnd kochen lassen.
4 Heiß in Gläser füllen und sofort verschließen.

Quittenkonfitüre

Zutaten
1,5 kg Quitten
1 Orange, unbehandelt
1 Zitrone, unbehandelt
1 kg Gelierzucker

1 Die Quitten mit einem Tuch abreiben, waschen, Stiel und Blüte entfernen und mit Schalen und Kerngehäuse in Stücke schneiden.
2 Mit Wasser bedeckt weich kochen, dann die Früchte durch ein feines Sieb streichen.
3 1 kg Quittenmark, Saft und abgeriebene Schale von Orange und Zitrone hinzufügen und mit Gelierzucker vermischen.
4 Die Mischung unter Rühren zum Kochen bringen; 4 Minuten sprudelnd kochen lassen.
5 Heiß in Gläser füllen und sofort verschließen.

Ebereschenbeeren-Apfel-Konfitüre (Foto unten)

Zutaten
600 g Ebereschenbeeren
400 g Äpfel, vorbereitet gewogen
2 Vanillestangen
2 Zimtstangen
1 kg Gelierzucker

1 Die gewaschenen Ebereschenbeeren 24 Stunden in die Tiefkühltruhe legen (sie sind dann weniger bitter).
2 Dann mit einer Essiglösung (je zur Hälfte Essig und Wasser) übergießen und über Nacht stehen lassen, abschütten und mit frischem Wasser etwa 15 bis 20 Minuten weich kochen.
3 Die Beeren auf einem Sieb abtropfen lassen.
4 Die Äpfel in kleine Würfel schneiden, das Mark aus den Vanillestangen herausschaben.
5 Fruchtmasse und Gewürze mit Gelierzucker verrühren und unter Rühren zum Kochen bringen. 4 Minuten sprudelnd kochen lassen, dann die Zimtstangen entfernen.
6 Die Konfitüre heiß in Gläser füllen und sofort verschließen.

Ebereschenbeeren-Birnen-Konfitüre (Foto rechts)

1 Die gewaschenen Ebereschenbeeren 24 Stunden in die Tiefkühltruhe legen (sie sind dann weniger bitter).
2 Dann mit einer Essiglösung (je zur Hälfte Essig und Wasser) übergießen und über Nacht stehen lassen, danach durch ein feines Sieb passieren.
3 Die Birnen schälen, entkernen und die Fruchtstücke mit Wasser weich kochen, dann durch ein Sieb passieren.
4 500 g Ebereschenbeerenmus und 500 g Birnenmus abwiegen.
5 Mit Zitronensaft und Gelierzucker verrühren und unter Rühren zum Kochen bringen; 4 Minuten sprudelnd kochen lassen.
6 Heiß in Gläser füllen und diese sofort verschließen.

Zutaten
1 kg Ebereschenbeeren
750 g Birnen
Saft einer Zitrone
1 kg Gelierzucker

Birnengelee mit Chilischoten

Zutaten
1 kg Birnen, vorbereitet gewogen
60 g frische grüne Chilischoten
300 ml Wasser
150 ml Weißweinessig
1 kg Gelierzucker

1 Die geschälten und entkernten Birnen in Stücke schneiden, die Chilischoten entkernen.
2 Mit Wasser und Essig bei mittlerer Hitze weich kochen. Die Fruchtmasse durch ein Sieb streichen.
3 ¾ l Saft mit Gelierzucker vermischen, unter Rühren zum Kochen bringen und 4 Minuten sprudelnd kochen lassen.
4 Heiß in Gläser füllen und sofort verschließen.

Tipp: Die Chilischoten am besten mit einem scharfen kleinen Messer einschneiden und die Kerne mit der Messerspitze herauskratzen.

Johannisbeer-Blaubeer-Gelee

Zutaten
2 kg Rote Johannisbeeren
250 g Blaubeeren
2 kg Gelierzucker
2 EL frisch gepresster Zitronensaft

1 Die Beeren waschen und abtropfen lassen. Die Johannisbeeren entstielen und im Entsafter entsaften.
2 Den Saft mit dem Zucker in einem großen Topf vermischen, den frisch gepressten Zitronensaft hinzufügen.
3 Nachdem sich der Zucker vollständig aufgelöst hat, die Blaubeeren ganz vorsichtig daruntermischen und alles noch weitere 3 bis 4 Minuten kochen lassen.
4 Die Gelierprobe machen, das Gelee sofort in die vorbereiteten Gläser abfüllen und diese verschließen.
5 Die Gläser während des Abkühlens mehrmals wenden, damit sich die Blaubeeren gleichmäßig in dem Gelee verteilen.

Hinweis: Blaubeeren wachsen in Heidelandschaften und Nadelwäldern. Sie gehören zur Gattung der Heidelbeeren, haben aber einen wesentlich intensiveren Geschmack.

Tomatenkonfitüre mit Ingwer und Orangenschale

Zutaten
1,25 kg Tomaten
100 ml Wasser
1 Orange, unbehandelt
Saft einer Zitrone
1 TL frischer Ingwer, gerieben
1 kg Gelierzucker

1 Die Tomaten waschen, den Stängelansatz herausschneiden und die Tomaten klein schneiden.
2 Mit dem Wasser kurz aufkochen. Dann durch ein Sieb streichen und erkalten lassen.
3 950 g Fruchtmus mit der abgeriebenen Schale der Orange, Zitronensaft, Ingwer und Gelierzucker vermischen und unter Rühren zum Kochen bringen; 4 Minuten sprudelnd kochen lassen.
4 Heiß in Gläser füllen und diese sofort verschließen.

Birnen-Zwiebel-Chutney

Zutaten
750 g Birnen
250 g Zwiebeln
2 Knoblauchzehen
125 g Backpflaumen
125 ml Weißweinessig
100 ml Zitronensaft
2 TL gemahlener Koriander
2 TL Pfeffer
1 TL Cayennepfeffer
1 EL frischer Ingwer, gerieben
2 TL Salz
250 g Gelierzucker 2:1

1 Die Birnen waschen (nicht schälen), das Kerngehäuse entfernen, die Birnen in kleine Stücke schneiden.
2 Zwiebeln und Knoblauch schälen und fein hacken. Die Backpflaumen würfeln.
3 Alles mit Essig, Zitronensaft und den Gewürzen verrühren und unter Rühren zum Kochen bringen. 30 bis 40 Minuten bei mittlerer Hitze kochen lassen.
4 Den Gelierzucker hinzufügen, wieder zum Kochen bringen und 3 Minuten sprudelnd kochen lassen.
5 Das Chutney heiß in Gläser füllen und diese sofort verschließen.

Tipp: Birne ist nicht gleich Birne, und es muss auch nicht immer Williams Christ sein. Probieren Sie verschiedene Herbst- und Winterbirnen aus. Auch im Chutney sind die Geschmacksunterschiede zu erkennen.

Pflaumen-Chutney
Zwiebel + Apfel
Tomaten-Pflaumen
Chutney

Tomaten-Pflaumen-Chutney (Foto unten)

1 Die Tomaten kurz in kochendes Wasser legen oder mit kochendem Wasser abbrühen, dann die Haut abziehen.
2 Pflaumen, Zwiebeln und Tomaten klein schneiden.
3 Mit den Sultaninen, dem Saft und der abgeriebenen Schale der Zitrone, Essig und den Gewürzen zum Kochen bringen und bei mittlerer Hitze 40 bis 45 Minuten kochen lassen.
4 Den Gelierzucker hinzufügen, unter Rühren wieder zum Kochen bringen; 4 Minuten sprudelnd kochen lassen.
5 Das Chutney heiß in Gläser füllen und diese sofort verschließen.

Zutaten
600 g Tomaten
500 g Pflaumen, entsteint gewogen
125 g Zwiebeln
125 g Sultaninen
1 Zitrone, unbehandelt
300 ml Apfelessig
¼ TL Zimtpulver
¼ TL Nelkenpulver
1 TL Pfeffer
250 g Gelierzucker

Tipp: Widerstehen Sie der Versuchung, der Einfachheit halber bereits geschälte Tomaten aus der Dose zu verwenden. Das Geschmackserlebnis würde enttäuschend ausfallen.

Pflaumen-Chutney mit Zwiebeln und Äpfeln (Foto links)

1 Die gewaschenen und entsteinten Pflaumen vierteln, die Äpfel schälen, entkernen und klein schneiden.
2 Die geschälten Zwiebeln in kleine Würfel schneiden.
3 Das Obst mit den Zwiebeln, Rosinen, dem Essig und sämtlichen Gewürzen zum Kochen bringen und anschließend bei mittlerer Hitze 40 bis 45 Minuten kochen lassen.
4 Den Gelierzucker hinzufügen und unter Rühren wieder zum Kochen bringen; 3 Minuten sprudelnd kochen lassen.
5 Heiß in Gläser füllen und diese sofort mit Twist-off-Deckeln sorgfältig verschließen.

Zutaten
500 g Pflaumen, entsteint gewogen
150 g Äpfel
150 g Zwiebeln
100 g Rosinen
100 ml Rotweinessig
¼ TL Salz
¼ TL Pfeffer
¼ TL Ingwerpulver
¼ TL Pimentpulver
200 g Gelierzucker 2:1

Tipp: Die Botaniker zählen etwa 2000 Pflaumensorten. Kein Wunder, dass es da enorme Geschmacksunterschiede gibt. Versuchen Sie dieses Rezept einmal mit Zwetschgen und einmal mit Reineclauden.

Zutaten
1 kg kleine grüne Tomaten
200 g Zwiebeln
3 Knoblauchzehen
200 ml Weißwein
300 ml Weißweinessig
10 Pfefferkörner weiß
1 TL Senfkörner
2 Lorbeerblätter
2 Gewürznelken
1 Zimtstange
500 g Gelierzucker

Grüne Tomaten süßsauer (Foto)

1 Die Tomaten waschen und den Stängelansatz herausschneiden.
2 Die Zwiebeln schälen und fein schneiden.
3 Die Knoblauchzehen abziehen.
4 Zwiebeln, Knoblauch, Weißwein, Essig und die Gewürze zum Kochen bringen, 10 bis 12 Minuten kochen lassen.
5 Den Gelierzucker und die Tomaten zufügen, wieder zum Kochen bringen und 4 Minuten bei mittlerer Hitze kochen lassen.
6 Die Tomaten mit dem Sud heiß in Gläser füllen und diese sofort verschließen.

Hinweis: Grüne Tomaten sind eine bestimmte Sorte, keine unreifen Tomaten.

November

Quitten-Apfel-Gelee (Foto rechts)

Zutaten
1 kg Quitten
500 g Äpfel
2 Zimtstangen
1 kg Gelierzucker

1 Quitten mit einem Tuch abreiben und waschen, Stiel und Blüte entfernen und die gesamten Früchte mit Schalen und Kerngehäusen in Stücke schneiden.
2 Die Äpfel waschen, Stiel und Blüte entfernen und ebenfalls mit Schalen und Kerngehäusen in Stücke schneiden.
3 Quitten- und Apfelstücke mit den Zimtstangen – knapp bedeckt mit Wasser – weich kochen. Den Saft durch ein Tuch ablaufen lassen.
4 1 Liter kalten Quittensaft mit Gelierzucker verrühren und unter Rühren zum Kochen bringen; 4 Minuten sprudelnd kochen lassen.
5 Das Gelee heiß in Gläser füllen und diese sofort verschließen.

Zutaten
1,5 kg Kürbis, vorbereitet gewogen
1,2 l Wasser
1 kg Gelierzucker
Saft von 2 Zitronen
1 TL gehackte Minze

Kürbisgelee (Foto)

1 Den Kürbis schälen, die Kerne mit den Fasern entfernen, das Fruchtfleisch in Würfel schneiden.
2 Mit dem Wasser 20 bis 30 Minuten weich kochen. Den Saft durch ein Tuch ablaufen lassen.
3 ¾ l kalten Saft mit Gelierzucker und Zitronensaft vermischen und unter Rühren zum Kochen bringen; 4 Minuten sprudelnd kochen lassen.
4 Die fein gehackte Minze unterrühren.
5 Das Gelee heiß in Gläser füllen und diese sofort verschließen.

Zutaten
1,5 kg Ebereschenbeeren
250 ml Weißwein
1 kg Gelierzucker
1 TL fein gehackte Zitronenmelisse

Ebereschenbeeren-Gelee

1 Die gewaschenen Ebereschenbeeren 24 Stunden in die Tiefkühltruhe legen (sie sind dann weniger bitter).
2 Dann mit einer Essiglösung (je zur Hälfte Essig und Wasser) übergießen und über Nacht stehen lassen.
3 Das Essigwasser abschütten und die Früchte mit dem Wein 20 bis 30 Minuten weich kochen.
4 Den Saft durch ein Tuch ablaufen lassen. 1 l Saft, evtl. mit Wein auffüllen, mit Gelierzucker vermischen und unter Rühren zum Kochen bringen; 4 Minuten sprudelnd kochen lassen.
5 Die Zitronenmelisse unterrühren.
6 Das Gelee heiß in Gläser füllen und diese sofort verschließen.

Zutaten
1,5 kg Quitten
100 ml Zitronensaft
250 ml Weißwein
300 g Einmachzucker
2 Vanillestangen
1 Stück (ca. 1 cm) frischer Ingwer
3 Gewürznelken,
2 Zimtstangen
300 ml Apfelschnaps

Quitten in Apfelschnaps (Foto S. 97 links)

1 Die Quitten mit einem Tuch abreiben, in Viertel schneiden, schälen und das Kerngehäuse entfernen.
2 Die Fruchtstücke in Spalten schneiden.
3 Mit Zitronensaft vermischen und 30 Minuten durchziehen lassen.
4 Den Wein mit Zucker und allen Gewürzen aufkochen. Die Quitten hineingeben und ca. 30 Minuten bei milder Hitze kochen.
5 Die Quittenstücke in Gläser schichten. Den Wein nochmals aufkochen und den Schnaps hineingeben und den Sud über die Quitten gießen. Die Gläser sofort verschließen.

Kürbisgelee
+ Pikantes Kürbismus

Kürbis-Orangen
gelee
mit Ingwer

Schlehen-Birnen-Gelee

Zutaten
1,2 kg Schlehen
1 kg Birnen, vorbereitet gewogen
1 kg Gelierzucker
3 EL Zitronensaft
2 Gläschen Schlehenlikör

1 Die nach dem ersten Frost geernteten Schlehen (oder aus der Tiefkühltruhe) mit den in Stücke geschnittenen Birnen mit Wasser bedeckt weich kochen.
2 Den Saft durch ein Tuch ablaufen lassen.
3 ¾ Liter von dem Saft mit Zitronensaft und Gelierzucker vermischen und unter Rühren zum Kochen bringen; dann alles 4 Minuten sprudelnd kochen lassen.
4 Den Likör unterrühren.
5 Das Gelee heiß in Gläser füllen und diese sofort verschließen.

Kürbis-Orangen-Gelee mit Ingwer (Foto)

Zutaten
1 kg Kürbis
250 ml frisch gepresster Orangensaft
Schale und Saft von 1 unbehandelten Zitrone
1,5 kg Gelierzucker

1 Den Kürbis waschen, schälen, die Kerne entfernen.
2 In kleine Würfel schneiden und in einen großen Topf geben. Den Orangensaft, Zitronenschale und -saft hinzufügen.
3 Den Ingwer schälen und fein reiben, anschließend mit dem Gelierzucker unterrühren.
4 Alles zum Kochen bringen und 4 Minuten sprudelnd kochen lassen, dabei mit einer Schaumkelle den Schaum abheben.
5 In die vorbereiteten Gläser abfüllen und diese sofort verschließen.

Pikantes Kürbismus

Zutaten
1 kg Kürbis, vorbereitet gewogen
500 g Gelierzucker 2:1
15 g frischer Ingwer, gerieben
1 Orange, unbehandelt
¼ TL Cayennepfeffer
1 Msp. Nelkenpulver
1 Msp. Zimtpulver

1 Kürbis schälen, die Kerne mit den Fasern entfernen, das Fruchtfleisch in kleine Würfel schneiden.
2 Knapp mit Wasser bedeckt 20 bis 30 Minuten weich kochen.
3 Abkühlen lassen; 1 kg abwiegen. Das Kürbismus mit Gelierzucker, Ingwer, Saft und abgeriebener Schale der Orange sowie den Gewürzen vermischen und unter Rühren zum Kochen bringen; 3 Minuten sprudelnd kochen lassen.
4 Heiß in Gläser füllen und mit Twist-off-Deckeln verschließen.

Weiße und blaue Trauben in Weißwein

Zutaten
250 g weiße Trauben
250 g blaue Trauben
250 ml Weißwein
1 EL Essigessenz
250 g Zucker
etwas Muskatblüte oder Sternanis

1 Die Trauben waschen, trockentupfen und eventuell entkernen.
2 Den Weißwein, die Essigessenz, Zucker und Gewürze aufkochen. Die Früchte zufügen und einmal aufwallen lassen.
3 Die Trauben abgetropft in ein sauberes Glas füllen.
4 Die Flüssigkeit noch einmal aufkochen und darübergießen. Sofort mit der Einmachhaut verschließen.

Tipp: Die Essigtrauben schmecken ausgezeichnet zu Geflügel- und Wildgerichten.

Zwetschgenkonfitüre mit karamellisierten Walnüssen

Zutaten
1 kg Zwetschgen, entsteint gewogen
1 kg Gelierzucker
Saft von 1 Zitrone
2 EL Zwetschgenwasser
80 g Walnusskerne
2 EL Zucker

1 Die Walnüsse ohne Fett leicht anrösten, den Zucker darüberstreuen und erhitzen, bis er schmilzt und hellbraun karamellisiert.
2 Die Zwetschgen gründlich waschen, entsteinen und vierteln.
3 Die Fruchtstücke, den Zucker und Zitronensaft vermischen und unter Rühren 4 Minuten kochen lassen.
4 Am Ende das Zwetschgenwasser dazugeben und die gerösteten Walnüsse unterrühren.
5 Sofort in die vorbereiteten Gläser füllen und diese verschließen.
6 Die Gläser während des Abkühlens öfter wenden, damit die Konfitüre gleichmäßig durchgemischt ist.

Tipp: Statt der Walnüsse können Sie gut auch Haselnüsse verwenden.

Eingelegte Pilze in Raps-Kernöl

1 Die Pilze gründlich säubern und waschen, kleine Pilze ganz lassen, größere Pilze halbieren, vierteln oder in Scheiben schneiden.
2 Den Weinessig mit Weißwein, Zucker, Pfefferkörnern, Thymian, Rosmarin und 2 EL Salz in einen Topf geben, aufkochen und 5 Minuten köcheln lassen.
3 Die Pilze zugeben und ca. 5 Minuten bei geringer Hitzezufuhr kochen lassen, sodass sie noch »Biss« haben.
4 Anschließend die Marinade durch ein Sieb gießen, die Pilze abtropfen und abkühlen lassen und mit Küchenkrepp trockentupfen.
5 Das Raps-Kernöl mit etwas Salz verrühren und Thymian, Lorbeer, Rosmarin, Knoblauch, Salbei und Petersilie zugeben.
6 Die Pilze in Gläser füllen und mit dem Kräuteröl aufgießen, sodass sie bedeckt sind.

Hinweis: Die Zutaten sind berechnet für 3–4 Gläser à 0,5 l. Kühl gelagert halten sich die in Öl eingelegten Pilze einige Monate.

Zutaten
250 g Pfifferlinge
250 g Steinpilze
250 g Champignons
250 g Austernpilze
0,5 l Weinessig
0,5 l Weißwein
1 EL Zucker
12 Pfefferkörner
½ Bund Thymian
2 Zweige Rosmarin
2 Flaschen Raps-Kernöl
Thymian
Lorbeer
Rosmarin
Knoblauch
Salbei
Petersilie

Karotten mit Ingwer

Zutaten
1 kg kleine zarte Karotten
½ TL Ingwer
150 g Zucker
100 ml Essigessenz (25 %)
750 ml Wasser
Salz

1 Die Karotten schälen, in kaltem Wasser in einem Topf aufsetzen, kurz aufkochen und dann kalt abschrecken.
2 Das Wasser, die Essigessenz, Salz, Zucker und den Ingwer aufkochen, darin die Karotten halb gar kochen, anschließend kalt stellen.
3 Den Essigsud nach 2 bis 3 Tagen noch einmal aufkochen und erst nach dem Abkühlen über die Karotten gießen; die Gefäße luftdicht verschließen.

Hinweis: Einkochzeit beträgt 30 Minuten bei 98 °C.

Scharfe grüne Bohnen

Zutaten
2 kg zarte frische Bohnen
10 bis 15 cm frischen Meerrettich
2 TL Senfkörner
1 EL Pfefferkörner
275 ml Essigessenz (25 %)
2 l Wasser
150 g Zucker
Salz

1 Die Bohnen säubern, in Salzwasser halb gar kochen und nach dem Abtropfen abwechselnd mit den Senf- und Pfefferkörnern und dem klein geschnittenen Meerrettich in die vorbereiteten Gefäße füllen.
2 Das Wasser und die Essigessenz mit dem Salz und dem Zucker aufkochen, heiß über die Bohnen gießen und die Gefäße verschließen.
3 Nach 8 bis 10 Tagen den Sud erneut aufkochen und nach dem Abkühlen über die Bohnen gießen. Die Gefäße nun luftdicht verschließen.

Hinweis: Die Zutaten sind berechnet für 4 Gläser à 1 l. Einkochzeit beträgt 90 Minuten bei 98 °C.

Dezember

Apfel-Wacholder-Gelee (Foto links)

Zutaten
1,2 kg Äpfel
(z.B. Golden Delicious)
250 ml Wasser
1 kg Gelierzucker
2 Vanillestangen
2 Gläschen Wacholderschnaps

1. Die Äpfel waschen und mit dem Kerngehäuse in Stücke schneiden (nicht schälen).
2. Mit Wasser weich kochen, das Fruchtmus durch ein Tuch pressen.
3. Den kalten Saft (1 Liter) mit Gelierzucker und den aufgeschlitzten Vanillestangen unter Rühren zum Kochen bringen; 4 Minuten sprudelnd kochen lassen.
4. Die Vanillestangen entfernen, den Wacholderschnaps unterrühren.
5. Das Gelee heiß in Gläser füllen und diese sofort verschließen.

Birnenkonfitüre mit Zimt, Weißwein und Birnengeist (Foto rechts)

Zutaten
1 kg Birnen, unvorbereitet gewogen
125 ml Weißwein
1 kg Gelierzucker
1 EL Zitronensaft
¼ TL Zimtpulver
2 Gläschen Birnengeist

1. Die geschälten und entkernten Birnen in Stückchen schneiden und mit dem Weißwein weich kochen.
2. Abkühlen lassen, dann mit Gelierzucker, Zitronensaft und Zimt unter Rühren zum Kochen bringen; 4 Minuten kochen lassen.
3. Den Birnengeist unterrühren.
4. Die Konfitüre heiß in Gläser füllen und diese sofort verschließen.

Zutaten
2 gelbe Paprikaschoten
2 rote Paprikaschoten
1 kleine Aubergine
150 g Champignons
2 kleine Zucchini
2 Knoblauchzehen
2 Chili, Salz, Pfeffer
750 ml Raps-Kernöl
2–3 EL Weißweinessig

Antipasti

1 Gemüse waschen und putzen und in mundgerechte Stücke schneiden. Die Gemüsestücke in 6 EL Raps-Kernöl andünsten, dabei leicht pfeffern und salzen.

2 Knoblauchzehen abziehen, vierteln und zusammen mit Chilis, etwas Salz und Pfeffer sowie dem Essig in ein Glasgefäß geben.

3 Mit Raps-Kernöl auffüllen und gut verschließen.

Melone in Gin

1 Die Netzmelonen in Spalten schneiden, entkernen, schälen, in Stücke schneiden und das Fruchtfleisch in eine Schüssel geben.
2 Das Fruchtfleisch mit dem Zucker, dem Zitronensaft und dem Ingwer vermischen, zugedeckt über Nacht ziehen lassen.
3 Am nächsten Tag die Melonenstücke abtropfen lassen und in ein vorbereitetes Glas geben.
4 Die Flüssigkeit mit dem Gin verrühren und die Mischung über die Melonen gießen.
5 Das Glas gut verschließen und einige Wochen kühl aufbewahren.

Zutaten
2 mittelgroße Netzmelonen
250 g Zucker
2 EL Zitronensaft
1 gestrichener TL Ingwerpulver
0,7 l Gin

Kräuterpesto

1 Die Knoblauchzehen abziehen. Das Basilikum waschen und gut abtropfen lassen.
2 Die Basilikumblättchen von den Stängeln zupfen und zusammen mit Knoblauch und Walnusskernen mit einem Zauberstab zu einer feinen Paste pürieren.
3 Langsam das Raps-Kernöl unterrühren und das Pesto mit Salz und Pfeffer abschmecken.
4 Das Pesto in ein passendes Glasgefäß geben, mit etwas Raps-Kernöl bedecken und gut verschließen.

Zutaten
3 Knoblauchzehen
1 Bund Basilikum
2–3 EL Walnusskerne (ersatzweise Pinienkerne)
1 TL Salz
schwarzer Pfeffer
6 EL Raps-Kernöl
6 EL frisch geriebener Pecorino

Würziges Kräuteröl à la Provence

1 Die Knoblauchzehen abziehen und vierteln.
2 Mit Rosmarin-, Thymianzweigen und den übrigen Kräutern und Gewürzen in ein Glasgefäß geben.
3 Mit Raps-Kernöl auffüllen.

Tipp: Anstelle des Basilikums lässt sich auch ein Zweig Oregano gut für dieses Rezept verwenden.

Zutaten
2 Knoblauchzehen
1 Zweig Rosmarin
1 Zweig Thymian
1 Zweig Majoran
1 Zweig Basilikum
1 Zweig Pfefferminze
Fenchelsamen
2 Chilis
0,5 l Raps-Kernöl

Zutaten
250 ml Raps-Kernöl
200 g Feta- oder Schafskäse
1 Knoblauchzehe
rote Paprika
3 getrocknete Chilis
1 Zweig Rosmarin
1 Zweig Salbei
1 Lorbeerblatt
6 Pfefferkörner

Marinierter Bauernkäse

1 Raps-Kernöl in ein Gefäß geben.
2 Den Käse in Würfel schneiden und in das Öl geben.
3 Die Knoblauchzehe abziehen und vierteln.
4 Paprika in Streifen schneiden und zusammen mit Knoblauch sowie den übrigen Kräutern und Gewürzen zugeben.
5 Das Gefäß gut verschließen.

Tipp: Echter Schafskäse hat einen wesentlich kräftigeren Geschmack als ein aus Kuhmilch hergestellter Fetakäse. Das ist nicht jedermanns Sache. Beim Verschenken dran denken.

Zutaten
1 l Wasser
1 großer Blumenkohl
250 g brauner Zucker
250 g weißer Zucker
2 El Pfefferkörner
2 EL Senfkörner
5–6 EL Essigessenz (25 %)

Blumenkohl süßsauer

1 Das Wasser aufkochen, die geputzten und gesäuberten Blumenkohlröschen darin etwa 3 bis 4 Minuten garen.
2 Nach dem Abtropfen in die vorbereiteten Gläser füllen.
3 In dem Gemüsewasser den braunen Zucker, Pfeffer- und Senfkörner 10 Minuten kochen lassen.
4 Mit der Essigessenz abschmecken, noch einmal aufkochen und alles über den Blumenkohl verteilen.
5 Die Gläser verschließen. An den folgenden 3 Tagen den Aufguss der Gläser noch einmal aufkochen, eventuell mit der Essigessenz nachwürzen. Erst nach dem Abkühlen den Aufguss wieder über die Blumenkohlröschen gießen.

Zutaten
3 Lorbeerblätter
1 TL Kardamomkörner
1 TL Senfkörner
1 TL grob geschroteter schwarzer Pfeffer
1/2 TL Koriandersamen
8 kl. getrocknete Chilis
0,5 l Raps-Kernöl

Scharfes Gewürzöl

1 Kräuter und Gewürze in ein Glasgefäß geben.
2 Mit Raps-Kernöl auffüllen.

Tipp: Geben Sie einige Tropfen des scharfen Gewürzöls in das Öl, in dem Sie Fleisch anbraten, zum Beispiel Lammfleisch. Das Fleisch erhält dadurch ein pikantes Aroma.

Quitten in Rotwein

1 Die Quitten schälen und die Kerne entfernen. Dann die Früchte in Schnitze schneiden.

2 Aus dem Wasser, der Essigessenz, dem Rotwein und den Gewürzen einen Sud aufkochen, darin die Quittenstücke gar kochen.

3 In die vorbereiteten Gläser abfüllen. Nach 4 bis 6 Tagen den Essigsud noch einmal aufkochen und noch heiß über die Quitten gießen.

4 Nach dem Verschließen der Gläser kühl stellen und den Inhalt möglichst bald verbrauchen.

Zutaten
3–3,5 kg Quitten
1 l Rotwein
1 l Wasser
1 kg Zucker
250 ml Johannisbeersaft
2 EL scharfer Senf
200 ml Essigessenz (25 %)
Schale von 1 unbehandelten Zitrone
Zimt, Nelken

Rezeptregister

* = Rezepte sind für Diabetiker geeignet. Diabetiker-Grundrezepte finden Sie auf den Seiten 28 und 29

Wichtiger Hinweis

Die im Buch veröffentlichten Ratschläge wurden mit größter Sorgfalt von Verfassern und Verlag erarbeitet und geprüft. Eine Garantie kann jedoch nicht übernommen werden. Ebenso ist die Haftung der Verfasser bzw. des Verlages und seiner Beauftragten für Personen-, Sach- und Vermögensschäden ausgeschlossen.

Bibliografische Information Die Deutsche Bibliothek

Die Deutsche Bibliothek verzeichnet diese Publikation in der Deutschen Nationalbibliografie; detaillierte bibliografische Daten sind im Internet über http://dnb.ddb.de abrufbar.

Bildnachweis

Umschlagfoto: Food Photogr. Eising/ Stockfood (Erdbeer-Rhabarber-Konfitüre)
Wir danken der CMA-Zucker und Wirths PR (Kanne Brottrunk/Teutoburger Ölmühle) sowie der Firma Weck für die Fotos und/oder Rezeptentwicklung, und für die Saisonkalender dem aid Infodienst e.V. in Bonn (www.aid.de).

Redaktion: Dr. Rainer Schöttle
Satz und Gestaltung: Vollnhals Fotosatz
Reproduktion: Repro Ludwig
Druck und Bindung: MKT PRINT d.d.

Printed in Slovenia

ISBN-13: 978-3-426-64279-5
ISBN-10: 3-426-64279-4

5 4 3 2 1